儿童注音彩图版

21世纪
入学儿童百科全书

畅游全球看天下

总策划／邢 涛　　主 编／龚 勋

云南出版集团公司
云南教育出版社

推荐序

TUI JIAN XU

从此开始快乐的学习生活！

世界儿童基金会 林春雷

上学和工作，是人一生最重要的两道分水岭。上学前，儿童对了解新东西充满好奇，以为上学之后他们可以自由地选择自己喜欢的东西学习，所以对上学充满期待和兴奋。但真的上学以后，他们却不得不开始学习许多枯燥而有难度的东西，这些东西仿佛一点都不好玩，也不知道学了能有什么用。为了应付老师和考试，他们的学习行为越来越机械，学习兴趣逐渐变淡，甚至滋生厌学情绪。因此，在上学前这个人生的重要阶段，孩子们需要有一套既好玩、有趣又非常有帮助的优质百科书，帮助孩子适应上学前后的反差与过渡，让孩子保持学习的兴趣，提高自信，顺利步入人生的第一个重要阶段。

“21世纪入学儿童百科全书”就是专为此目的而打造的全新百科读物。它那既符合儿童认知心理学，又兼顾百科特性的体例安排、精美的原创插图、活泼可爱的卡通形象，再加上吸引儿童眼球的奥秘知识，让儿童幼小的心灵初尝学习的快乐。当他们逐渐体会到探索知识的乐趣之后，他们就不再畏惧陌生的课堂生活，而是主动、自信地去学习和提高。那样，无论是在上学前，还是上学后，孩子都能始终保持浓厚的求知兴趣，在学习的初始阶段就占据较好的起点，为日后的健康成长打下无比坚实的基础。

审定序

SHEN DING XU

上学前后的最佳伙伴！

中国儿童教育研究所 陈勉

儿童具有旺盛的精力和求知欲，具有自主学习的自然愿望，但尚未摆脱爱玩的天性。这时候，他们需要有一套优秀图书作为学习的伙伴和向导，将严肃、枯燥、被动的填充式教育变为活泼、有趣、积极的快乐学习，使他们在快乐阅读中自然而然地让各种有用的知识进入头脑，最大限度地开发出个人潜能。

针对儿童注意力难以集中、容易分心的认知特点，本套书的编撰者们在体例设计上别具匠心，突破了传统图文搭配的简单形式，将每个阅读主题通过完整而生动的场景图片展现出来，让孩子们仿佛置身于一个个令人惊奇、兴奋的乐园，在边玩边看的过程中，培养起求知、好学的兴趣，将各种“死知识”变成“活思维”，从而真正掌握知识并在现实中应用。

将需要学习的一个个知识点变成一个个引人入胜的兴趣点，将需要孩子掌握的知识技能变成他们探索未知的本领，这样的学习符合孩子的心理和愿望，不需要任何强制。读过这套书的孩子，其知识容量、学习的兴趣和能力都会在不知不觉中得到显著提升，不仅能使他们顺利地度过学校生活，更能使他们对未来的考验和挑战信心十足。

前 言 QIAN YAN

了解周围的环境，是每个孩子的愿望。从身边开始，他们探寻求知的目光一直扩展到世界上的各个角落。世界上最高的山有多高？非洲草原上的动物为什么要成群地移动？在中国有“水往高处流”的河吗？……每个孩子的头脑中都装满了这样的奇思妙想。为了回答孩子们的这些疑问，我们精心编写了这本《畅游全球看天下》，希望能够在孩子们成长的道路上引领他们认识世界，了解更多关于祖国河山的知识。

本书以精美的图片、生动有趣的文字对世界各地进行了详细的介绍，书中还设置有“奥秘大公开”“奇妙大看台”等精彩的内容单元。此外，书中的重点文字都配有汉语拼音，使入学前后的孩子们能够独立阅读。阅读这本《畅游全球看天下》后，孩子们不但能对世界和我们的祖国有全面的了解，还能掌握许多生动翔实的小知识，开阔眼界，满足求知的欲望。

我们衷心希望这本内容丰富、设计新颖的百科全书能够成为孩子们了解世界和中国的有用工具，伴随着孩子们一起度过快乐的童年。

如何使用本书

亲爱的小朋友，当你打开这本《畅游全球看天下》时，你已经站在奇妙的大千世界的入口了。本书分为“世界”和“中国”两大部分，向小朋友们展示了世界各地许多有用、有趣的知识。在使用这本书时，我们还有一些小窍门要告诉大家，以便让小朋友们在畅游全球的同时，享受到更多阅读的快乐。现在，我们就一起去认识它们吧！

卡通图

活泼可爱的卡通人物，是你阅读过程中的好伙伴。

书眉

双数页码的书眉标出本书的系列名，单数页码的书眉标出本书的名称。

主标题

本章主要知识点的名称。

主标题说明

对本章主要知识点的一个概括性介绍。

奥秘大公开

这里为你揭开许多奥秘，它们神奇、有趣，能为你带来意想不到的惊喜哦。

图片说明

图片说明可分为图名和图注，它们相辅相成，对图片起了一个概括性的介绍作用，共同为知识点服务。

篇章页

介绍本章主要内容的文字，让小朋友们能够快速了解全章的内容要点。

辅标题

每一个具体知识点的名称。

辅标题说明

对具体知识点进行详细介绍，解开小朋友们的种种疑惑。

图片

与知识点相关的图片，能够给小朋友们带来强烈的视觉冲击，同时让小朋友们对内容有更真切的认识。

奇妙大看台

“奇妙大看台”为小朋友们介绍了很多有趣的知识。

21世纪
入学儿童百科全书
……畅游全球看天下……

CONTENTS 目录

第一章 世界

21世纪
入学儿童百科全书
……畅游全球看天下……

CONTENTS 目录

埃及

南部非洲

北美洲

中非和西非

加拿大

墨西哥

美国

中美洲和加勒比海地区

CONTENTS 目录

第二章
中国

21世纪
入学儿童百科全书
……畅游全球看天下……

CONTENTS 目录

长城

奴隶社会

故宫

原始社会

封建社会

颐和园

CONTENTS 目录

第一章

世界

世界上有二百多个国家，每个国家都有自己独特的自然景观和历史文化，不同的国家和民族缤纷多彩。你想认识和了解它们吗？那就翻开这一章吧。这里有宏伟的都会名城、壮丽的自然奇景、神秘的文明遗址、独特的异域风情……它们就像一道道美味佳肴，纷纷呈现在你眼前，一定会让你应接不暇，眼界大开。现在，就让我们一起睁大双眼，在一个又一个惊喜中进行一次环球旅行吧！

yà zhōu
亚洲

yà zhōu shì dì qiú shang miàn jī zuì dà rén kǒu zuì duō de yī
亚洲是地球上面积最大、人口最多的一
ge zhōu yà zhōu yǒu shì jiè shang zuì gāo de shān fēng zuì dà de hú
个洲。亚洲有世界上最高的山峰、最大的湖
pō zuì duō de dǎo yǔ wǒ men kě ài de zǔ guó zhōng huá rén
泊、最多的岛屿。我们可爱的祖国——中华人
mín gòng hé guó wèi yú yà zhōu de dōng bù
民共和国，位于亚洲的东部。

亚洲象是亚洲很有代表性的动物。它们生活在东南亚地区，体形比非洲象小，性情温和，喜欢成群活动。

亚洲河流众多，水量丰富，居世界各大洲的首位。

亚洲国家的小女孩

多种多样的地形

亚洲是各大洲中地势起伏最大的一个洲。青藏高原平均海拔在4000米以上，有“世界屋脊”之称。亚洲西部的死海水面低于地中海水面392米，又是地球上陆地海拔最低的地方。

各民族和睦相处

亚洲有上千个民族。其中既有人数超过11亿的汉族，也有不到千人的民族或部族。这些民族在与其他民族的亲密交往中，既相互交融，又保持了本民族的文化特色。

珠穆朗玛峰是喜马拉雅山脉的主峰，位于亚洲的中国和尼泊尔边界上，高达8844.43米，是世界上海拔最高的山峰。

亚洲各国有悠久的历史文化，图为伊朗波斯波利斯遗址内的雕塑。

多种宗教并存

亚洲是佛教、伊斯兰教、基督教等宗教的发源地。佛教主要在东亚、东南亚和南亚的斯里兰卡等国传播。西亚的阿拉伯人大多信奉伊斯兰教。基督教发源于西亚的巴勒斯坦，耶路撒冷是基督教圣地。

佛教在亚洲非常盛行，许多国家都建有大规模的佛教建筑。这是泰国最著名的佛教建筑玉佛寺。

·奥秘大公开·

亚洲名称的来历

两千多年前，居住在地中海东岸一带的腓尼基人经常航海。为确定方向，他们把地中海以东的陆地称为“太阳升起的地方”。英文 Asia 就是由此演化而来的。

生活在东亚蒙古高原的蒙古族牧民

游牧生活

亚洲广袤的内陆深处，生活着许多游牧民族。千百年来，这些民族以放牧牛羊为生，居无定所，哪里的水源充沛、草木茂盛，他们就在哪里扎起帐篷，停留下来放牧。时至今日，这种生活方式仍然在亚洲的许多地方延续着。

我国朝鲜族的舞蹈十分具有民族特色。

cháo xiǎn hé hán guó

朝鲜和韩国

cháo xiǎn hé hán guó wèi yú wǒ guó dōng
朝鲜和韩国位于我国东
biān de cháo xiǎn bàn dǎo cháo xiǎn yǔ wǒ guó
边的朝鲜半岛。朝鲜与我国、
é luó sī jiāo jiè hán guó gé hǎi yǔ rì běn xiāng wàng cháo xiǎn
俄罗斯交界，韩国隔海与日本相望。朝鲜
hé hán guó yuán lái shì yī ge guó jiā hòu lái fēn chéng liǎng ge dōu
和韩国原来是一个国家，后来分成两个，都
shǔ yú cháo xiǎn mín zú wǒ guó yě yǒu cháo xiǎn zú
属于朝鲜民族。我国也有朝鲜族。

荡秋千

韩国的“故宫”

昌德宫位于韩国首都首尔市区内，是古代朝鲜国王的王宫。昌德宫的建筑风格和我国古代宫殿的建筑风格十分相似，就像北京的故宫一样。它最大的建筑是仁政殿。

·奥秘大公开·

滋补身体的高丽参

高丽参是指朝鲜半岛出产的人参，是一种珍贵的中药材，具有大补元气、滋补强壮的功效。它生长在深山老林里，对土壤和气候非常敏感，只生长在阳光斜照的地方。

荡呀荡秋千

荡秋千是朝鲜人和韩国人都喜欢的一种民间游戏。每逢节日聚会，成群结队的朝鲜妇女身穿民族服装，聚集在高耸的秋千架旁，排队荡秋千。秋千时而腾空而起，时而俯冲而下，人们的欢笑声不绝于耳。

韩国人过端午祭都要吃一种名叫“车轮饼”的食物。

可口的泡菜

泡菜味美爽口，而且营养丰富，朝鲜人和韩国人都特别喜欢吃，一日三餐都离不开它。泡菜的原料主要以白菜、萝卜为主，加上葱、姜、蒜、辣椒面等调料腌泡制成，品种有上百种之多。

泡菜鲜嫩脆爽，酸甜可口，特别能解油腻。

水原华城是韩国宝贵的文化遗产，里面设有各种军事设施，是一座杰出的军事堡垒。

韩国的端午祭

端午节是我国的传统节日，韩国也过端午节。韩国把端午节称做“端午祭”。与我国过端午节时吃粽子、划龙舟不同，祭祀、演戏和游艺是韩国端午祭的主要内容。

rì běn

日本

rì běn wèi yú yà zhōu dōng bù shì yī ge qún dǎo guó jiā nà lǐ dì
日本位于亚洲东部，是一个群岛国家，那里地
zhèn huǒ shān bào fā bǐ jiào pín fán rì běn de jīng jì fēi cháng fā dá dàn
震、火山爆发比较频繁。日本的经济非常发达，但
guó nèi gè zhǒng zī yuán dōu hěn shǎo měi nián xū yào cóng guó wài jìn kǒu dà liàng de méi
国内各种资源都很少，每年需要从国外进口大量的煤
tàn shí yóu hé kuàng shí děng gè zhǒng yuán liào
炭、石油和矿石等各种原料。

身穿和服的日本男孩和女孩

富士山

富士山位于日本首都东京以东约 80 千米处，海拔 3776 米，是日本第一高峰。它是一座休眠火山，形状呈锥形，顶部终年积雪。富士山在日本人心中有着神圣的地位，被誉为“圣岳”。

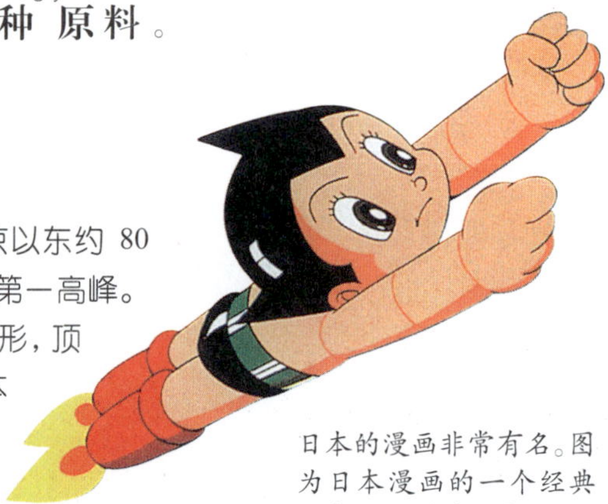

日本的漫画非常有名。图为日本漫画的一个经典形象——铁臂阿童木。

·奥秘大公开·

日本人姓氏的来历

古时候，普通日本百姓只有名，没有姓。1875 年日本政府规定，所有的国民都必须有姓。从这时起，日本人才陆陆续续为自己定了姓氏。

茶道

日本的茶道有着悠久的历史，是一种殷勤待客的方式。对于日本女性来说，茶道是一种必学的技艺。茶道有着繁琐的程序，如茶叶要碾得精细，茶具要擦得干干净净等。

富士山山顶终年被积雪覆盖着。

日本的茶道最初起源于寺院僧人们的坐禅，现已变成日本人的一种文化传统。图为日本的佛教寺院。

女孩节和男孩节

每年的3月3日是日本的女孩节，年满1岁的女孩会得到一套玩偶作为礼物。每年的5月5日是日本的男孩节，年龄超过1岁的孩子都会得到一套玩偶作为礼物，其造型大都是日本古代的武士。

相扑比赛

相扑

相扑是日本一种古老的体育运动，有“国技”之称，非常受日本人欢迎。所有的相扑选手都是体重超常的大胖子，他们比赛时有一套严格的仪式规矩。

日本经济非常发达，生产的汽车出口到世界许多国家。

dōng nán yà
东南亚

yà zhōu de dōng nán bù fēn bù zhe yuè nán jiǎn pǔ zhài tài guó miǎn diàn mǎ lái
亚洲的东南部分布着越南、柬埔寨、泰国、缅甸、马来
xī yà xīn jiā pō yìn dù ní xī yà fēi lǜ bīn děng guó jiā zhè xiē guó jiā qì hòu
西亚、新加坡、印度尼西亚、菲律宾等国家。这些国家气候
wēn nuǎn shī rùn wù chǎn fēng fù fēn bù zhe mào mì de sēn lín hé zhòng duō de hé liú
温暖湿润，物产丰富，分布着茂密的森林和众多的河流。
zhè lǐ de xǔ duō rén dōu xìn fèng fó jiào dào chù kě yǐ
这里的许多人都信奉佛教，到处可以
kàn dào jiàn zhù jīng qiǎo de fó sì hé fó tǎ
看到建筑精巧的佛寺和佛塔。

吴哥古迹曾一度湮没在丛林中，被人们所遗忘。直到近代，吴哥古迹才重见天日。

吴哥古迹

吴哥古迹位于柬埔寨首都金边西北约240千米的森林深处，是柬埔寨吴哥王朝时期的古迹。它由吴哥王城和吴哥寺组成，共有大小各式建筑600余座，全部结构都是用巨大的石块垒砌成的，有的石块重达8吨多，非常雄伟壮观。

·奥秘大公开·

东南亚大海啸

2004年底，东南亚地区爆发海啸。这次海啸是由太平洋中部的海底地震引起的。地震的巨大能量掀起了十几层楼高的巨浪，给东南亚人民造成了巨大的生命财产损失。

双子塔位于马来西亚首都吉隆坡市中心，是马来西亚最高的建筑。它共有88层，高452米，外形好像两个巨大的玉米棒子。

越南下龙湾山奇水秀，风景如画，有“海上石林”之称。

马六甲海峡

马六甲海峡位于东南亚的马来半岛和苏门答腊岛之间，是连接太平洋和印度洋的航海要道。海峡水道狭长，最窄处仅 37 千米。

新加坡港位于马六甲海峡东端，是东南亚地区最大的海港。

割胶工人正在收割橡胶。

收割橡胶

在东南亚国家，橡胶是一种非常重要的经济作物。东南亚地区的马来西亚、泰国、印度尼西亚等国的橡胶产量占世界总产量的70%以上，其中马来西亚是世界上天然橡胶的最大生产国。

新加坡是马来半岛南端的一个城市国家，在东南亚各国中经济发展水平最高。图为新加坡国徽。

大象在东南亚人的心目中具有非常重要的地位。

nán yà
南亚

nán yà wèi yú yà zhōu de nán bù yǒu yìn dù bā jī sī tǎn mèng jiā lā guó ní bó ěr bù dān sī lǐ lán kǎ hé mǎ ěr dài fū děng guó jiā zhè xiē guó jiā dà dōu yǒu fēi cháng yōu jiǔ de lì shǐ hé dú tè de xí sú yǔ wén huà

南亚位于亚洲的南部，有印度、巴基斯坦、孟加拉国、尼泊尔、不丹、斯里兰卡和马尔代夫等国家。这些国家大都有非常悠久的历史和独特的习俗与文化。

巴基斯坦的拉合尔古堡是南亚地区著名的旅游景观。

孟加拉虎是世界上最珍稀的动物之一。

孟加拉虎

孟加拉虎是生活在印度和孟加拉的珍稀野生动物，在印度被尊为“国兽”。它是世界上奔跑速度最快的动物之一，体重 180~260 千克，体长超过 3 米。

山中天堂——加德满都

尼泊尔的首都加德满都位于喜马拉雅山脚下，是一座有着悠久历史的古城。杜儿巴广场是加德满都最有名的广场，广场上除了巍峨的皇宫，还建有众多的神庙，显示出浓郁的宗教气息。

加德满都

佛教起源于南亚的印度。

宝石之国

斯里兰卡因盛产宝石而被誉为“宝石之国”。它出产的宝石主要有蓝宝石、红宝石等 30 多种。宝石加工工业是斯里兰卡最重要的行业，宝石工业中心拉特纳普勒被称做“宝石城”。

宝石因其稀有、华美而受到人们的珍视。

项链岛国——马尔代夫

马尔代夫是印度洋上一个美丽的岛国，由上千个珊瑚岛组成，被称为“项链岛国”，吸引了世界各地的人前来旅游观光。

马累是马尔代夫的首都和第一大城市，这里终年风和日丽。

·奥秘大公开·

容易遭受水灾的国家

每年的 5~10 月，孟加拉都会有大量的降水，常常带来洪水灾难。由于地势低平，孟加拉每年有几百平方千米的土地会被降雨形成的洪水淹没。

yìn dù
印度

yìn dù wèi yú yà zhōu de nán bù bīn lín yìn dù yáng miàn jī hé rén kǒu wèi jū yà zhōu dì èr
印度位于亚洲的南部，濒临印度洋，面积和人口位居亚洲第二。
yìn dù lì shǐ yōu jiǔ shì yìn dù jiào hé fó jiào de fā yuán dì wén huà gǔ jì zhòng duō rú
印度历史悠久，是印度教和佛教的发源地，文化古迹众多。如
jīn de yìn dù gāo kē jì fā zhǎn xùn sù shì yà zhōu de qiáng guó zhī yī
今的印度，高科技发展迅速，是亚洲的强国之一。

甘地是印度著名的政治家，印度独立运动的领袖之一。

恒河

恒河是印度文明的摇篮。印度人认为，在恒河中沐浴，能够祛病消灾，延年益寿。恒河最神圣的一段在印度瓦拉纳西古城旁，每年到此沐浴的印度人数以万计。

阿育王石柱柱头
阿育王是印度孔雀王朝第三任国王，他统一了印度，并在全国推广佛教，促进了佛教的繁荣。

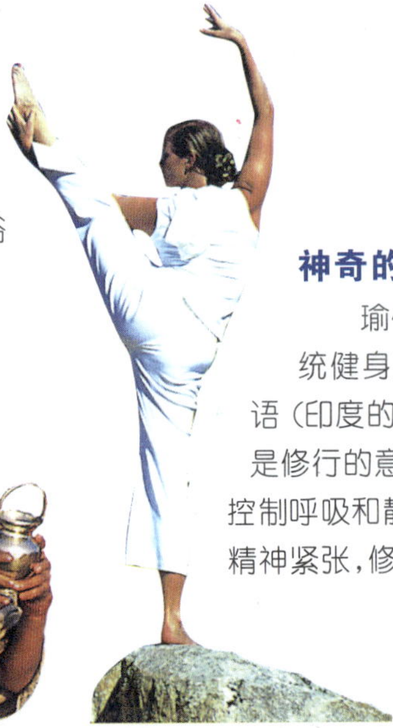

神奇的瑜伽

瑜伽是印度的一种传统健身方法。瑜伽在梵语（印度的古典语言）里是修行的意思。它主张控制呼吸和静坐，以消除精神紧张，修身养性。

瑜伽是一种锻炼身心的好方法。

·奥秘大公开·

奇妙的咖喱粉

咖喱粉是印度人日常生活中使用的一种调料，印度人对它情有独钟。它由辣椒、豆蔻、丁香等十多种调料配制而成。咖喱鸡、咖喱土豆等都是用调和咖喱粉制成的美味佳肴。

恒河是印度人心目中的圣河。

泰姬陵

泰姬陵是印度最著名的古迹，它由白色大理石建成，四角各有一座圆塔，既肃穆又壮丽。它的设计很独特，从任何一个角度看都是一样的。

印度人每逢节日，必定要放声歌唱，翩翩起舞。

印度人喜欢把咖喱粉放入米饭中，做成好吃的咖喱饭。

印度舞蹈

印度舞蹈婀娜多姿，优美动人。它的特点在于手与脚的配合非常复杂优雅，并用眼神配合来传达感情。

17世纪，印度莫卧儿王朝皇帝沙贾汗为纪念心爱的妃子泰姬·玛哈尔建造了泰姬陵。

yà zhōu de zhōng bù hé xī bù
亚洲的中部和西部

古巴比伦王国在历史上就位于西亚，并创造了灿烂的文明。图为刻有《汉穆拉比法典》的石碑。

yà zhōu de zhōng xī bù qì hòu gān zào duō wéi shā mò gē bì dì xíng dāng dì rén
亚洲的中西部，气候干燥，多为沙漠戈壁地形。当地人
dà duō xìn fèng yī sī lán jiào xī yà bō sī wān dì qū de yī lǎng shā tè ā lā bó
大多信奉伊斯兰教。西亚波斯湾地区的伊朗、沙特阿拉伯、
kē wēi tè děng guó shèng chǎn shí yóu duì shì jiè jīng
科威特等国盛产石油，对世界经
jì de yǐng xiǎng hěn dà
济的影响很大。

· 奥秘大公开 ·

海水淡化

西亚地区缺乏淡水资源，西亚国家投入巨资建设海水淡化工厂，利用淡化海水这种方法来制得淡水。目前，波斯湾沿岸的沙特阿拉伯、科威特等国家都建有这种海水淡化工厂。

圣城麦加

沙特阿拉伯的麦加是伊斯兰教的圣城。每年伊斯兰教斋月期间，来自世界各个国家的数百万信徒都会聚集在这里，举行朝拜活动，场面极为壮观。

壮观的朝圣场面

海水淡化工厂内高高的水塔是西亚地区一道独特的景观。

古巴比伦城曾是世界上最大的城市之一。

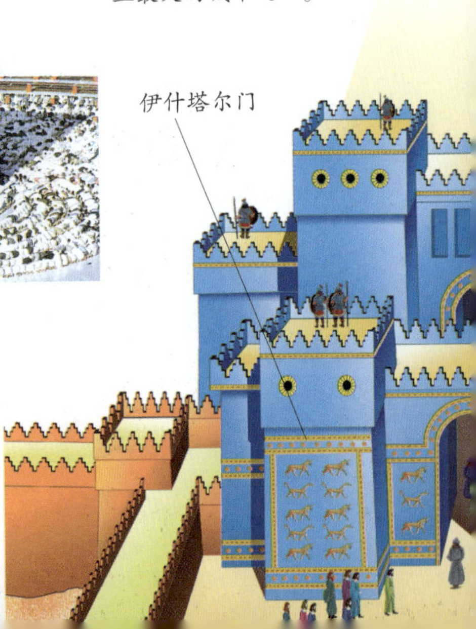

伊斯坦布尔的圣索菲亚大教堂是土耳其最有代表性的古代建筑。

地跨欧亚大陆的城市

土耳其的第一大城市伊斯坦布尔，被博斯普鲁斯海峡分割为东西两个部分。海峡东岸属于亚洲，海峡西岸则属于欧洲。这种特殊的地理位置使伊斯坦布尔把东西方两种文化奇妙地融合在了一起。

博斯普鲁斯大桥

亚洲内陆有广阔的沙漠，而骆驼是这里重要的运输工具，被称为“沙漠之舟”。

石油宝库——阿拉伯半岛

阿拉伯半岛位于亚洲的西南部。这里的气候炎热干燥，一眼望去，都是连绵无际的沙漠。可是就在它的地表下，储藏着数量惊人的石油，是世界上石油储量最丰富的地区，被人们称为“石油宝库”。

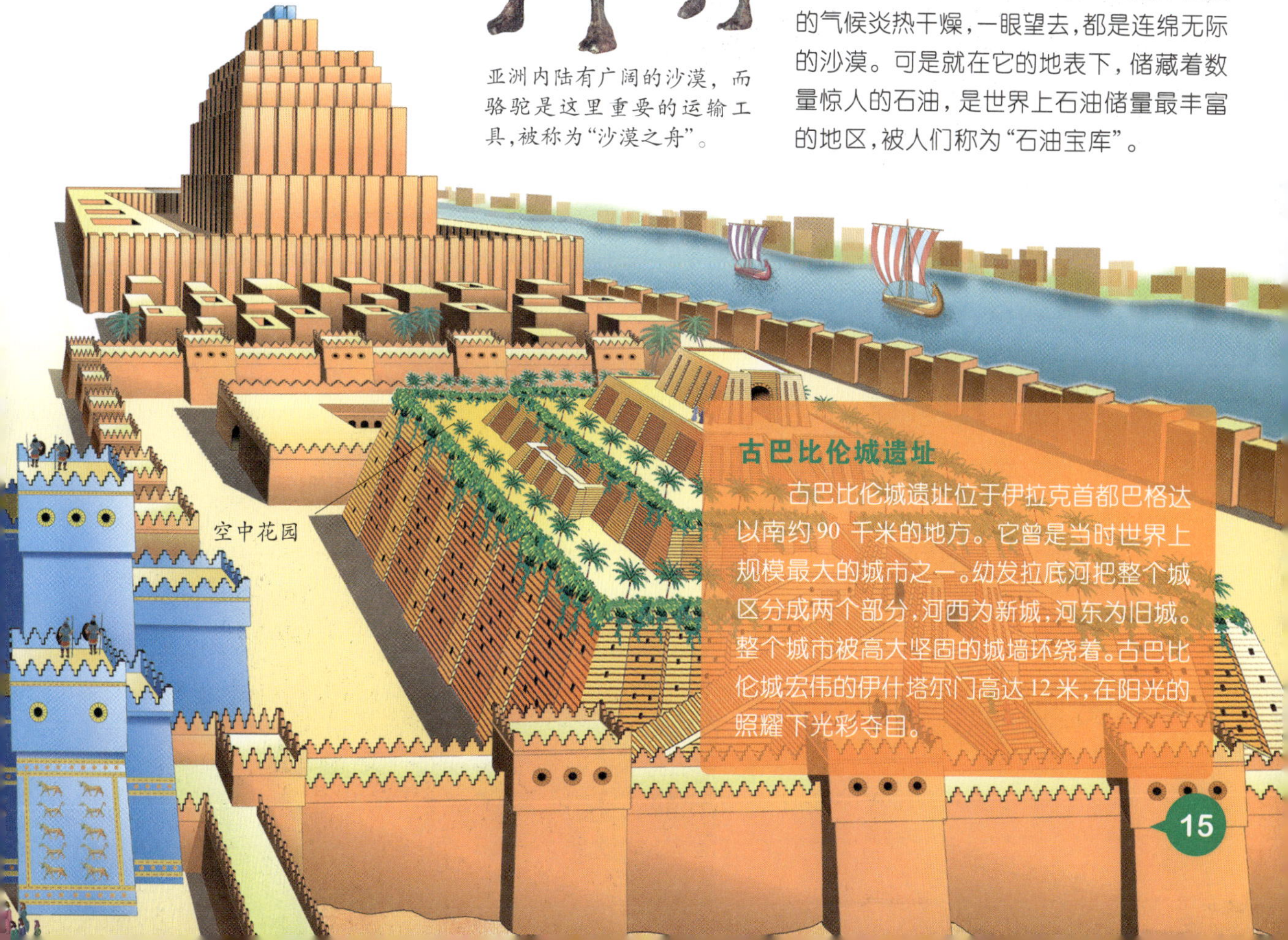

古巴比伦城遗址

古巴比伦城遗址位于伊拉克首都巴格达以南约 90 千米的地方。它曾是当时世界上规模最大的城市之一。幼发拉底河把整个城区分成两个部分，河西为新城，河东为旧城。整个城市被高大坚固的城墙环绕着。古巴比伦城宏伟的伊什塔尔门高达 12 米，在阳光的照耀下光彩夺目。

英国圣保罗大教堂被称为“伦敦路标”，是欧洲著名的大教堂。

欧洲

欧洲全称欧罗巴洲，位于亚洲的西面，北临北冰洋，西临大西洋，南部隔地中海与非洲相望，东部与亚洲以乌拉尔山分界。欧洲是七大洲当中平均海拔最低的一个洲。

千里平原

欧洲是世界上地势最低的一个大洲，平均海拔只有300米。欧洲的平原西起大西洋沿岸，东到亚洲和欧洲的分界山脉乌拉尔山，绵延数千千米，形成横跨欧洲的大平原。

温和湿润的气候

欧洲的气候与亚洲不同，欧洲受到大西洋暖流的影响，加上山脉多是东西走向，海洋上的水气可以深入内陆，所以气候温和湿润，雨水也比较多。

·奥秘大公开·

世界上最小的国家

梵蒂冈是全世界天主教的中心，也是当今世界上最小的国家。它位于欧洲南部意大利的首都罗马西北角，以四周城墙为国界，面积仅有0.44平方千米。

平坦的地势为欧洲各国农业的发展提供了非常好的条件。

可爱的英格兰女孩

稀少的民族

欧洲的民族总数大约只有70个，比亚洲要少得多，小民族和小部族很少见。人数在3000万以上的民族有俄罗斯民族、德意志民族、意大利民族、英格兰民族、法兰西民族等。欧洲的许多国家基本上都是由单一民族构成的。

欧洲西部的爱尔兰有很多以农牧业为主的庄园。

各具特色的农业

欧洲各国的农业都很有特点。英国牧场很多，养有许多奶牛；挪威有许多渔民以捕鱼为生；法国的葡萄园面积很大；荷兰人种植的花卉非常有名；乌克兰人则为整个欧洲供应制作面包的小麦。

欧洲有许多仿中古时代的堡垒建筑。

·奇妙大看台·

英法海底隧道

英法海底隧道是一条把英国和欧洲大陆连接起来的铁路隧道，1994年5月6日开通。隧道全长50千米，是目前世界上最长的海底隧道。在英法两国之间来往的车辆，会被装载到特制的火车上运往海峡对岸。

列车驶出英法海底隧道法国段。

北欧古老的历史与曾经盛极一时的北欧海盗密不可分。这是北欧海盗驾驶的一种平底尖头帆船。

běi ōu
北欧

běi ōu wèi yú ōu zhōu běi bù kào jìn běi jí dì qū tōng cháng bāo
北欧位于欧洲北部，靠近北极地区，通常包
kuò ge guó jiā fēn bié shì nuó wēi ruì diǎn fēn lán dān mài hé bīng dǎo
括5个国家，分别是挪威、瑞典、芬兰、丹麦和冰岛。
yī dào dōng jì zhè xiē guó jiā jiù chéng le bīng xuě de shì jiè
一到冬季，这些国家就成了冰雪的世界。

这是挪威的一座建于公元12世纪的木头教堂。

木头教堂

古老的教堂在欧洲很常见，基本都是用石头作为建筑材料。挪威的教堂却与众不同，许多都是用圆木或木条建造而成。这种木头建成的教堂非常坚固，能够承受冬季的大雪。

美人鱼的故乡

丹麦是有名的童话王国，位于首都哥本哈根的朗格宁海滨公园的美人鱼雕像是丹麦的标志。它是根据安徒生的童话《海的女儿》雕刻而成的。

丹麦的美人鱼雕像

·奥秘大公开·

"北欧海盗"的来历

北欧海盗是古代欧洲人对来自北欧挪威、瑞典等地的海盗的称呼。公元8~11世纪，北欧海盗乘着特制的帆船，手持利剑和长矛等，在欧洲海岸线一带大肆劫掠，给当地人带来很大灾难。

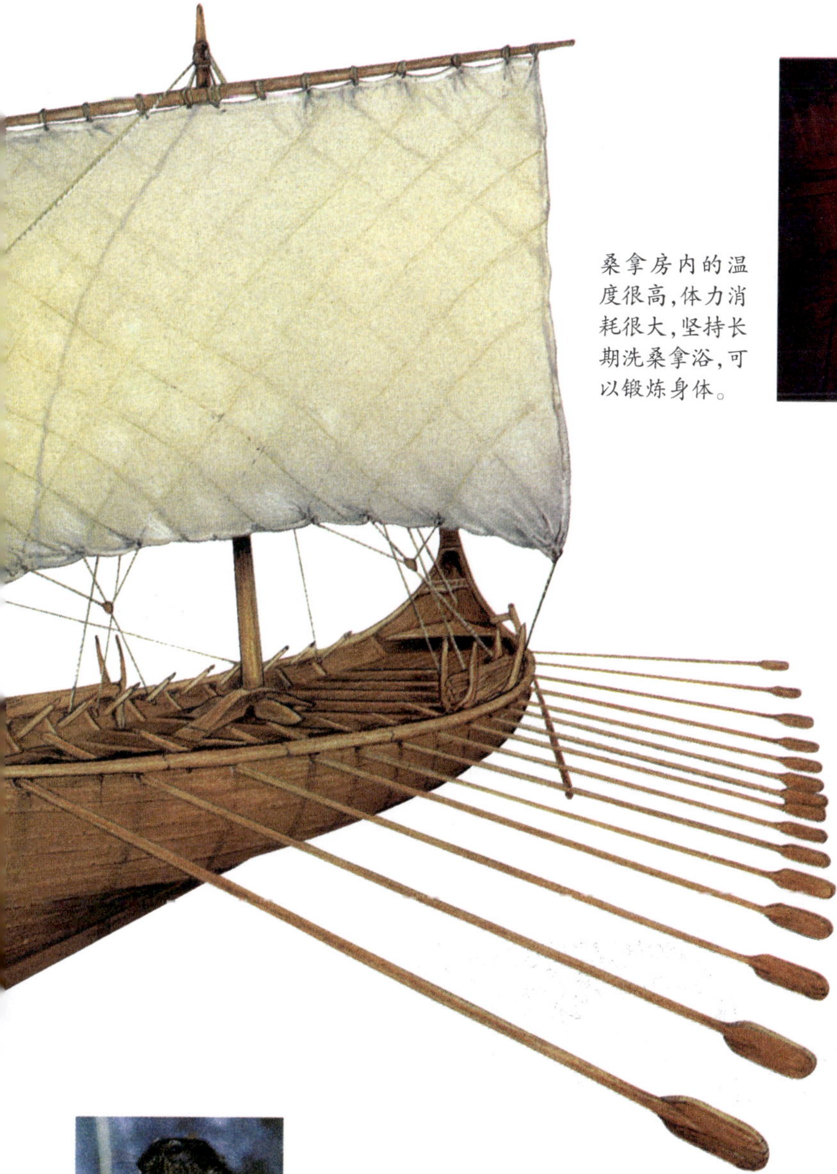

桑拿房内的温度很高，体力消耗很大，坚持长期洗桑拿浴，可以锻炼身体。

桑拿浴

桑拿浴是一种起源于芬兰的古老沐浴方式。人们在一间密封的木板房里，利用蒸汽熏蒸全身，达到洗浴的目的。芬兰人酷爱洗桑拿浴，每个芬兰人从婴儿时期就开始接受桑拿浴的熏蒸和洗礼。芬兰全国人口数量为500多万，而桑拿房就有100多万个。

自行车在丹麦随处可见，骑自行车出行是丹麦人的一种生活习惯。

生活在北欧地区的旅鼠是一种非常奇特的小动物，它们每年会定期迁徙。

爱骑自行车的丹麦人

丹麦人喜欢骑自行车。丹麦政府为了鼓励居民使用自行车，还专门修建了自行车专用车道。在丹麦首都哥本哈根，设有100多处自行车免费借车点，人们可以自行取用。用完后，只需将自行车还到任一借车点就可以了。

摩纳哥豪华赌场

xī ōu
西欧

xī ōu bāo kuò yīng guó ài ěr lán fǎ guó hé lán bǐ lì shí lú sēn bǎo hé mó nà gē 7 guó xī ōu shì jìn dài yǐ lái kē xué jì shù fā zhǎn zuì zǎo de dì qū yě shì shì jiè shang jīng jì zuì fā dá de dì qū zhī yī

西欧包括英国、爱尔兰、法国、荷兰、比利时、卢森堡和摩纳哥7国。西欧是近代以来科学技术发展最早的地区，也是世界上经济最发达的地区之一。

西欧的荷兰有“风车王国”之称。

填海造田

荷兰地势低平，是世界上著名的“低地之国”。全国有三分之二以上的地区海拔高度不超过1米。荷兰曾多次遭受洪涝灾害，为免受洪水海潮的威胁，荷兰兴建了大量规模巨大的拦水堤坝和排水工程。

·奥秘大公开·

小镇出产大奶酪

奶酪是一种营养价值很高的乳制品。荷兰的奶酪世界闻名，其中最有特色的是同车轮般大小的黄色豪达奶酪。它的得名源于荷兰同名的小镇豪达。

几个荷兰人正与一块重达600.5千克的豪达奶酪合影留念。

多雨的爱尔兰

爱尔兰是个岛国，位于大西洋中，气候湿润多雨，并且风大。这里全年至少一半以上的日子都会下雨，爱尔兰人出门习惯穿件风衣或者带把雨伞。

爱尔兰首都都柏林

卢森堡是欧洲重要的金融中心。

袖珍国家卢森堡

卢森堡是西欧的一个袖珍城市国家，与德国、法国和比利时为邻，面积只有2200多平方千米。尽管面积狭小，但卢森堡的金融业却十分发达，这使得它和金融业同样发达的瑞士一样，成为世界上人均收入最高的国家之一。

欧盟各国的国旗在欧盟总部大楼前飘扬。

欧洲的中心

布鲁塞尔是比利时的首都，也是欧盟总部所在地。布鲁塞尔是一座拥有1000多年历史的古老城市，历史上曾是欧洲南部的拉丁文化与欧洲北部日耳曼文化交融的“十字路口”。公元16世纪以来，布鲁塞尔先后被西班牙、奥地利、法国和荷兰等国统治过。布鲁塞尔文化的多样性，使其成为欧盟总部的合适地点。

布鲁塞尔的王宫建筑非常庄严壮观，在欧洲首屈一指。

·奇妙大看台·

“撒尿小孩”铜像

传说古时候比利时曾遭西班牙人占领，侵略者撤离布鲁塞尔前准备烧毁全城，一位勇敢的小孩用尿浇灭了火药的导火索，保住了城市。比利时人把他称为“布鲁塞尔第一公民”。

布鲁塞尔第一公民

yīng guó
英国

yīng guó shì yí ge yǔ ōu zhōu dà lù gé hǎi xiāng wàng de dǎo guó
英国是一个与欧洲大陆隔海相望的岛国，
yóu yīng gé lán wēi ěr shì sū gé lán ài ěr lán dōng běi bù hé
由英格兰、威尔士、苏格兰、爱尔兰东北部和
yì xiē xiǎo dǎo zǔ chéng yīng guó céng shì shì jiè shang zuì qiáng dà de
一些小岛组成。英国曾是世界上最强大的
guó jiā zài shì jì shí tā yōng yǒu de zhí mín dì biàn
国家，在19世纪时，它拥有的殖民地遍
bù quán shì jiè yǒu rì bù luò dì guó zhī chēng
布全世界，有“日不落帝国”之称。

塔桥是伦敦著名的旅游景点。

大英博物馆

大英博物馆位于英国伦敦市中心，是世界上最早对外开放的博物馆。开馆以来的200多年间，大英博物馆陆续收集了英国、埃及、希腊等国家的大批文物。

英国人十分注重传统礼仪，比如在重要场合，卫兵们至今仍要身穿传统的猩红色制服，头戴高高的黑色熊皮帽。

牛津大学和剑桥大学

位于伦敦附近的牛津大学和剑桥大学是英国最古老的两所大学。牛津大学始建于10世纪，剑桥大学在13世纪时由牛津大学的部分师生创建。数百年来，这两所大学培养出了难以计数的优秀人才。

在英国首都伦敦南部，有一处史前巨石阵，是著名的古代人类文明遗迹。

《哈利·波特》宣传海报

《哈利·波特》

《哈利·波特》是英国女作家 J.K. 罗琳创作的魔幻系列小说。该书成功地塑造了一个瘦弱、戴着眼镜的黑发小巫师的形象。在小说中，哈利·波特和朋友一道，与各种各样的邪恶势力进行着斗争。现在，主人公哈利·波特已成为风靡全球的童话人物形象。

大本钟

英国伦敦泰晤士河畔国会大厦的北面，高高耸立着一座钟楼，上面镶有大钟。大钟每隔一个小时都会发出沉稳而铿锵的响声，数千米之外也能清楚地听见。

·奥秘大公开·

格林尼治标准时间的诞生

格林尼治天文台位于伦敦东部的泰晤士河畔。1875 年，英国皇家天文台在这里成立。在天文台大门旁的砖墙上有一座大钟，它所指示的时间，就是现在世界各国通用的格林尼治标准时间。

大本钟被视为伦敦的象征。

fǎ guó
法国

fǎ guó wèi yú ōu zhōu de xī bù， yǔ bǐ lì shí、
法国位于欧洲的西部，与比利时、
lú sēn bǎo、 ruì shì、 dé guó、 yì dà lì děng guó xiāng
卢森堡、瑞士、德国、意大利等国相
lín。 tā de zhōu wéi yǒu běi hǎi、 yīng jí lì hǎi xiá、
邻。它的周围有北海、英吉利海峡、
dà xī yáng hé dì zhōng hǎi děng hǎi yù。 fǎ guó lì shǐ
大西洋和地中海等海域。法国历史
yōu jiǔ， wén huà càn làn， fēng jǐng mí rén。
悠久，文化灿烂，风景迷人。

法国首都巴黎是世界著名的时尚之都，每年的换季时节，国际上各大时装品牌都会竞相在这里召开作品发布会，介绍自己最新款式的服装。

法国葡萄酒

法国是世界上葡萄酒生产历史最悠久的国家之一。湿润适宜的气候，加上种植者和酿造者的精心耕耘与不断改进，不仅使法国葡萄种植园的面积和葡萄酒的产量保持在相当规模，而且葡萄酒的品质也是世界一流的。

法国的蓬皮杜国家艺术文化中心有“文化工厂”之称。

法国巴黎凯旋门是欧洲最大的凯旋门，是1806年拿破仑下令修建的。

卢浮宫

卢浮宫位于巴黎市中心塞纳河畔的巴黎歌剧院广场南侧，是一座宏伟辉煌的宫殿建筑群。宫内收藏有大量艺术珍品，宫前的金字塔形玻璃入口，是由华人建筑大师贝聿铭设计的。

卢浮宫曾是法国国王的宫殿，后来被改为美术馆，用来保存和展览艺术家们的作品。

· 奥秘大公开 ·

香水的来历

16 世纪时，法国贵族喜欢化很厚很浓的妆，但因费时无法做到每天卸妆，时间长了身上就有了怪味。为了遮盖怪味，商人们发明了香水，并且很快就成为人们争相使用的时尚用品。

美丽的塞纳河从巴黎城区流过。

埃菲尔铁塔

埃菲尔铁塔位于巴黎市中心，塔高 300 多米，是为了庆祝法国大革命 100 周年而专门建造的。它是世界上第一座钢铁结构的高塔，共耗用 7000 多吨钢材。埃菲尔铁塔建成后，成为了巴黎的象征。

法国葡萄酒的主产区集中在东南部的波尔多等地。

图为第 93 届环法自行车赛的爬坡赛段，身穿黄色领骑衫的是总成绩领先的运动员。

环法自行车赛

自行车比赛是法国民众非常喜欢的一项体育运动。环法自行车赛是世界上赛程最长的自行车比赛。全程 3000 多千米，历时将近 1 个月。美国人兰斯 · 阿姆斯特朗曾先后 5 次夺得环法自行车赛的总冠军。

埃菲尔铁塔是巴黎的标志性建筑。

维也纳城内的莫扎特雕像

zhōng ōu hé dōng ōu
中欧和东欧

zhōng ōu hé dōng ōu de guó jiā yǒu dé guó ào dì lì ruì shì liè zhī dūn
中欧和东欧的国家有德国、奥地利、瑞士、列支敦

shì dēng bō lán jié kè sī luò fá kè xiōng yá lì é luó sī wū kè lán
士登、波兰、捷克、斯洛伐克、匈牙利、俄罗斯、乌克兰、

lì táo wǎn ài shā ní yà lā tuō wéi yà hé mó ěr duō wǎ děng zhōng ōu hé dōng
立陶宛、爱沙尼亚、拉脱维亚和摩尔多瓦等。中欧和东

ōu gè guó dì lǐ wèi zhi shí fēn zhòng yào shì lián xì nán běi ōu hé xī ōu zhī jiān de
欧各国地理位置十分重要，是联系南北欧和西欧之间的

niǔ dài
纽带。

在街头翩翩起舞的维也纳市民

音乐之都

维也纳位于奥地利东北部阿尔卑斯山脚下，三面环山，多瑙河穿城而过。维也纳的艺术氛围浓厚，是著名的“音乐之都”。几个世纪以来，这里蕴育了许多音乐大师，如莫扎特、舒伯特、约翰·施特劳斯等。

阿尔卑斯山脉

阿尔卑斯山脉绵延于欧洲南部，山体高大险峻，平均海拔 3000 米左右。阿尔卑斯山脉风景宜人，山谷间的许多村镇环境幽雅，每年都有大批游客来此旅游。

瑞士拥有200多个滑雪场，被称为“滑雪天堂”。

滑雪胜地瑞士

瑞士拥有许多世界著名的滑雪胜地，每年有成千上万的滑雪者来到这里享受高山滑雪的快感。高山滑雪这个旅游项目给瑞士带来了不少收入，而且给当地人创造了很多就业机会。

·奥秘大公开·

瑞士手表驰名世界

瑞士手表是瑞士的象征之一，世界上的第一只手表、第一只石英电子表都是出自瑞士钟表工匠之手。瑞士手表在世界上大多数人的心目中，是做工精湛、质量可靠和造型时尚的代名词。

多彩的布拉格

捷克的首都布拉格是一座古老的城市，它所有的广场、街道和居民住宅看上去都是五颜六色的，很少能看见某种单调的深色建筑，这使得布拉格整座城市的色调十分丰富，赏心悦目。

布拉格是一座非常漂亮的城市。

·奇妙大看台·

维也纳新年音乐会

维也纳新年音乐会是奥地利庆祝新年到来的一个重要活动。演出的曲目以奥地利作曲家施特劳斯的作品为主，压轴的曲目是《蓝色多瑙河》，返场的曲目是《拉德斯基进行曲》。

维也纳新年音乐会由世界著名乐团维也纳爱乐乐团主持举办。

阿尔卑斯山脉风光

玫瑰之国

东欧国家保加利亚盛产玫瑰，以“玫瑰之国”闻名于世。玫瑰是保加利亚的国花。每年春末夏初时节，玫瑰花盛开，保加利亚巴尔干山南麓东西长700多千米、南北宽10多千米的“玫瑰谷”里，成了玫瑰花的海洋。

玫瑰

dé guó
德国

慕尼黑是德国的文化名城，位于该市的奥林匹克公园是旅游观光的好去处。

dé guó wèi yú ōu zhōu de zhōng bù shì ōu zhōu lín guó zuì duō de guó jiā dé guó shì shì jiè shang zhòng yào de gōng yè guó hé mào yì dà guó cóng dì lǐ wèi zhi hé jīng jì shí lì shang jiǎng kě yǐ bèi bǐ zuò ōu zhōu de xīn zàng

德国位于欧洲的中部，是欧洲邻国最多的国家。德国是世界上重要的工业国和贸易大国，从地理位置和经济实力上讲，可以被比作欧洲的心脏。

慕尼黑啤酒节

1810年，巴伐利亚王国的王子路德维希和特蕾瑟公主举行婚礼，官方的庆祝活动持续了5天。人们聚集在慕尼黑城外，唱歌、跳舞、观看赛马和畅饮啤酒。从此，这个深受欢迎的活动便被延续了下来，流传至今。每年9月的第三个星期六至10月的第一个星期日，是啤酒节固定的活动时间。

·奥秘大公开·

金熊奖

金熊奖是德国柏林国际电影节的最高奖项。德国柏林国际电影节是国际上最有影响的电影节之一，我国导演张艺谋执导的影片《红高粱》曾获第38届金熊奖。

勃兰登堡门是德国首都柏林的象征，见证了德国近代以来几乎所有的重大事件。

奔驰博物馆是世界上唯一一座能够展现120年汽车发展历史的博物馆。

汽车城

斯图加特位于德国西南部，这座城市的汽车制造业相当发达。驰名世界的汽车厂商梅塞德斯—奔驰和保时捷的总部就设在这里。

莱茵河

莱茵河全长1320千米，发源于瑞士境内，流经奥地利、法国、德国、荷兰等国，汇入北海。莱茵河在德国境内有近 千米长，其中，中莱茵河河谷段两岸山坡上遍布葡萄园，许多罗马时代的古堡分布在山岗上，风景非常优美。

世界上第一辆汽车
梅塞德斯—奔驰汽车公司的创始人卡尔·本茨是这辆汽车的发明者。

德国境内的中莱茵河河谷段环境优美，风景如画。

科隆大教堂

科隆大教堂位于德国莱茵河畔的科隆城。它同时拥有建筑史上三个之最——德国最大的教堂、世界上最高的教堂、建筑时间最长的教堂。它以轻盈、雅致著称于世，是中世纪欧洲哥特式建筑艺术的代表作。教堂的整个格局给人一种浑厚凝重、超然脱俗的意境，是科隆城内最负盛名的文化遗迹。

科隆大教堂以其高耸的双尖著称于世。

é luó sī
俄罗斯

é luó sī héng kuà yà zhōu de běi bù hé ōu zhōu de dōng bù shì shì jiè shang miàn jī zuì dà de guó jiā é luó sī bù jǐn dì yù liáo kuò ér qiě yōng yǒu sēn lín shí yóu méi tiě děng fēng fù de zī yuán

俄罗斯横跨亚洲的北部和欧洲的东部，是世界上面积最大的国家。俄罗斯不仅地域辽阔，而且拥有森林、石油、煤、铁等丰富的资源。

克里姆林宫和红场

克里姆林宫曾经是俄国历代沙皇居住的宫殿，现在是俄罗斯政府所在地。宫内有博物馆、宫殿和大教堂，周围有护城河和高高的红色城墙，城墙外便是举世闻名的红场。红场是俄罗斯最古老的广场，也是举行庆祝活动、集会和阅兵的地方。

俯瞰圣彼得堡

圣彼得堡

圣彼得堡是俄罗斯第二大城市，坐落在波罗的海芬兰湾东岸的涅瓦河三角洲上，由俄国沙皇彼得一世所建。圣彼得堡保存有大量古典主义风格的建筑，被称为“俄罗斯的艺术之城”。

圣瓦西里大教堂是俄罗斯最美丽的教堂，有“用石头描绘的童话”之称。

西伯利亚铁路建成后，西伯利亚地区丰富的资源得到了开发。

俄罗斯 19 世纪作曲家柴可夫斯基是芭蕾舞剧《天鹅湖》的作者，他开创了芭蕾的“双人舞”模式。

西伯利亚铁路

西伯利亚铁路西起莫斯科，经过新西伯利亚、伊尔库茨克，东至符拉迪沃斯托克（海参崴），是目前世界上最长的铁路，有俄罗斯“脊柱”之称。符拉迪沃斯托克（海参崴）火车站立有一块纪念碑，上面标有它距莫斯科的里程数——9288 千米。

芭蕾舞的五种基本脚位

芭蕾舞

芭蕾舞是最受俄罗斯民众欢迎的文化娱乐形式。它起源于欧洲的宫廷舞蹈，17 世纪时传入俄罗斯。经过俄罗斯芭蕾舞艺术家的不断努力，俄罗斯芭蕾舞获得了世界性的声誉。他们演出的作品如《天鹅湖》，受到全世界人们的喜爱。

·奥秘大公开·

“沙皇”称呼的来历

俄罗斯在伊凡四世统治时，伊凡四世认为自己的大公称号显得权力不够大，于是在 1547 年 1 月 16 日加冕称帝，称呼自己为沙皇。从 1547 年到 1917 年，俄国的统治者一直都称为沙皇。

红场位于莫斯科市中心，每天的游人络绎不绝。

南欧

吉卜赛女郎正在翩翩起舞。

南欧位于欧洲南部，这里是欧洲历史的发源地，曾出现过光辉灿烂的古希腊和古罗马文明。南欧包括西班牙、葡萄牙、意大利、希腊和保加利亚等国。

地中海门户——直布罗陀海峡

直布罗陀海峡在西班牙的最南端，连接大西洋和地中海，是世界上最重要的海峡通道之一。从直布罗陀海峡的“咽喉”直布罗陀山上向南远眺，地中海对岸的非洲摩洛哥遥遥可见。

·奥秘大公开·

谜一样的吉卜赛人

吉卜赛人是欧洲南部的一个古老民族，能歌善舞。他们的起源曾长期是一个谜团。近代以来，语言学家通过研究吉卜赛人的语言，推断出吉卜赛人可能来自印度北部。

波尔图的民居建筑顺山坡的地势修建，造型别致。

波尔图古城

波尔图位于葡萄牙最大的河流杜罗河入海口的山坡上，市内的许多建筑都已经有数百年的历史，宫殿、教堂、博物馆、纪念碑、雕塑群像比比皆是，文化气息非常浓厚。

·奇妙大看台·

雅典娜女神像

雅典娜是希腊神话中代表智慧的女神，也是古雅典城的守护神。古希腊时期，帕特农神庙的雅典娜女神像全身高达 13 米，用白色大理石雕成，造型流畅优美，体现了希腊艺术和谐自然的特点。

在希腊传说里，雅典娜是雅典城的守护神。

奥林匹克运动会

公元前776年，古希腊人在奥林匹亚村举行了人类历史上最早的运动会，以后每四年举行一次。为了纪念奥林匹亚运动会，1896年，雅典举行了第一届现代奥林匹克运动会。从此以后，奥林匹克运动会逐渐成为世界各国人们的体育盛会。

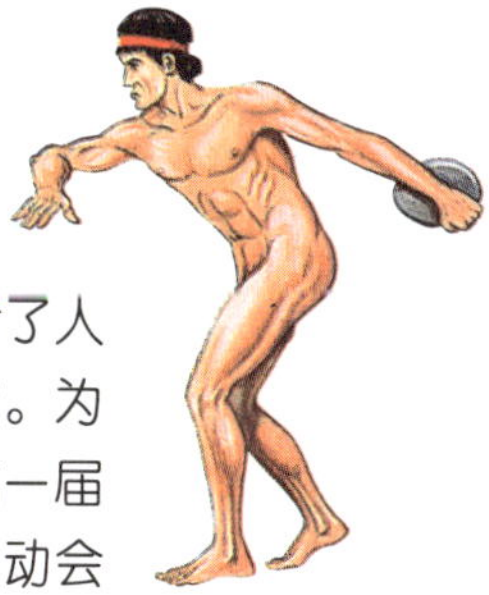

掷铁饼

伊瑞克提翁神庙位于雅典卫城北面。图为神庙里的女神像。

古代奥林匹亚运动会比赛项目

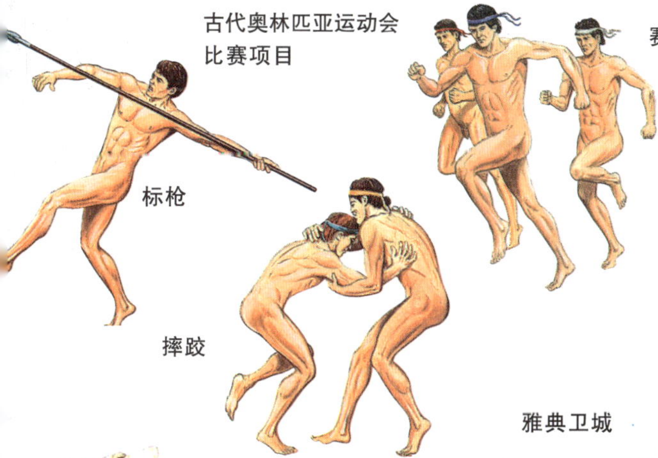

雅典卫城

雅典卫城是古希腊人供奉智慧女神雅典娜的地方。它位于雅典市中心的一座小山顶的台地上，卫城的建筑与地形紧密结合，是希腊建筑艺术的代表作品。

雅典卫城

西班牙

西班牙位于欧洲西南部，西邻葡萄牙，南隔直布罗陀海峡与非洲的摩洛哥相望。西班牙有发达的工业和繁荣的旅游业等，经济发展很快。

斗牛场面让人惊心动魄，吸引着世界各地的人们。

阿尔罕布拉宫具有阿拉伯建筑的特点。

阿尔罕布拉宫

阿尔罕布拉宫位于西班牙古城格拉纳达市郊，是西班牙著名的宫殿，为中世纪信奉伊斯兰教的摩尔人所建。它是摩尔人留存在西班牙所有古迹中的精华，是一座非常精致的建筑。

阿尔罕布拉宫狮园内的狮子喷泉雕像

普拉多博物馆

普拉多博物馆是西班牙最大的博物馆，收藏有大量艺术家的珍贵作品，除了西班牙著名画家的作品之外，还珍藏了许多欧洲近代绘画大师的名作。

普拉多博物馆还收藏有大量雕刻、素描、家具、钱币、徽章和各种装饰艺术品。

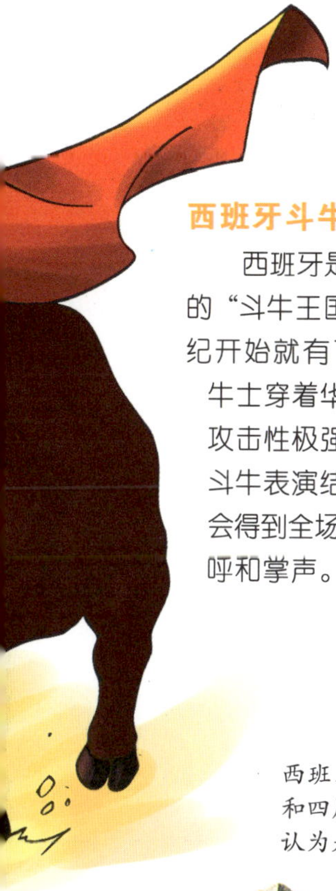

西班牙斗牛

西班牙是世界上著名的“斗牛王国”。从13世纪开始就有了斗牛节。斗牛士穿着华丽的服装，与攻击性极强的公牛搏斗。斗牛表演结束后，斗牛士会得到全场观众热烈的欢呼和掌声。

弗拉门戈舞是集歌、舞、乐器演奏为一体的一种艺术形式。

·奥秘大公开·

西班牙摩尔人

西班牙信奉伊斯兰教的摩尔人擅长歌舞、绘画等，他们在西班牙各地兴建了许多精美建筑。这使西班牙的文化和其他欧洲国家相比，具有与众不同的伊斯兰风格特点。

弗拉门戈舞

弗拉门戈舞热情奔放，节奏欢快，是西班牙非常流行的舞蹈，与斗牛并称为西班牙两大国粹。许多西班牙小孩在很小的时候，就喜欢穿上五颜六色的弗拉门戈服装，开始学跳这种舞蹈。

西班牙巴塞罗那米拉公寓的奇特造型和四周千姿百态的山相呼应，被许多人认为是20世纪最奇特的建筑物。

威尼斯有300多座桥，其中最有名的就是里亚托桥，它是威尼斯的象征。

yì dà lì
意大利

yì dà lì wèi yú ōu zhōu nán bù de yà píng níng bàn
意大利位于欧洲南部的亚平宁半
dǎo jìng nèi běi bù duō shān nán bù duō qiū líng xià jì yán
岛，境内北部多山，南部多丘陵，夏季炎
rè gān zào dōng jì cháo shī duō yǔ yì dà lì shì gǔ luó mǎ wén
热干燥，冬季潮湿多雨。意大利是古罗马文
míng de zhōng xīn wén yì fù xīng yùn dòng de fā yuán dì yōng yǒu fēng fù
明的中心，文艺复兴运动的发源地，拥有丰富
de wén huà yí chǎn měi nián xī yǐn le shì jiè gè dì shù qiān wàn de yóu kè
的文化遗产，每年吸引了世界各地数千万的游客
qián lái guān guāng
前来观光。

水城威尼斯

威尼斯四周环海，整座城市看起来像是建造在水上，非常奇特。威尼斯是意大利的重要港口城市，也是一座文化艺术名城，这里保存了非常多的艺术品和历史名胜古迹。

角斗士两人一组互相格斗，直到失败的一方被杀死。

古罗马竞技场

古罗马竞技场

古罗马竞技场位于罗马市中心，是一座庞大的建筑，可容纳10多万名观众。古罗马人崇尚武力，喜欢观看血腥的角斗表演。竞技场的正中是角斗士互相厮杀和斗兽的场地。竞技场的底层建有80多个地窖，是囚禁角斗士和猛兽的场所。

意大利歌剧

歌剧是意大利最伟大的音乐成就，出现于14世纪的佛罗伦萨，深受意大利人民的喜爱。歌剧舞台的布景非常华丽，男女主角在台上高声歌唱，有时还配合着一些夸张的动作。舞台下，乐队指挥带领着管弦乐团，随着剧情的发展演奏着优美的旋律。

世界著名的男高音歌唱家帕瓦罗蒂在意大利斯卡拉歌剧院演唱。

·奥秘大公开·

重见天日的庞贝古城

庞贝古城是意大利境内的一处古罗马文明遗址。公元79年，维苏威火山突然爆发，把庞贝古城掩埋在厚厚的火山灰下。1748年，庞贝古城被人们重新发现，其文明遗存由此重见天日。

庞贝古城保存有完好的街道、房屋等各种建筑，对了解古罗马当时的社会生活状况有着重要的意义。

·奇妙大看台·

比萨和通心粉

比萨和通心粉是意大利的两种代表性食物。比萨由饼底、乳酪、番茄酱和馅料烘烤制成，口味多样。通心粉是一种类似面条的食物，但与面条不同，它的中间是空心的，并且有螺旋形、贝壳状等多种形状。

意大利比萨

歪而不倒的比萨斜塔

比萨斜塔是意大利比萨市比萨大教堂的一座钟楼，呈圆柱形，高54.55米，共有8层。比萨斜塔是建筑史上的一个奇迹，它向南倾斜5.5度，但近千年来一直未倒。目前，比萨斜塔的倾斜有加速的趋势，意大利的土木工程专家正在采取各种措施，来稳定比萨斜塔。

比萨斜塔

fēi zhōu
非洲

fēi zhōu quán chēng ā fēi lì jiā zhōu dì kuà chì dào nán běi dōng lín yìn
非洲全称阿非利加洲，地跨赤道南北，东临印
dù yáng xī lín dà xī yáng miàn jī yuē wéi wàn píng fāng qiān mǐ shì shì
度洋，西临大西洋，面积约为3020万平方千米，是世
jiè dì èr dà zhōu yǒu duō ge guó jiā hé dì qū
界第二大洲，有50多个国家和地区。

撒哈拉沙漠中的绿洲

撒哈拉沙漠位于非洲北部，是世界上最大的沙漠。

·奥秘大公开·

非洲国家边界线多直线

非洲大陆曾经长期处于欧洲列强的殖民统治下。当时的殖民统治者划分地盘时，在地图上拿尺子随意一划，各自的地盘就被确定了下来。这种做法，使许多国家的边界线大多成为直线。

热带大陆

非洲的气候高温、少雨、干燥，年平均气温在 20℃以上。埃塞俄比亚东北部的达洛尔地区年平均气温在35℃以上，是世界上气温最高的地方之一。

复杂多样的地形

非洲的地形分为高原、盆地和沙漠三种类型。自北向南，有埃塞俄比亚高原、东非高原和南非高原；非洲中部是面积广大的刚果盆地；非洲北部的撒哈拉沙漠，是世界上最大的沙漠。

马拉维湖形状狭长，是非洲的第三大湖泊。

·奇妙大看台·

猴面包树

在非洲干旱的热带草原上，生长着形状奇特的猴面包树。在沙漠中旅行，如果口渴，只需用小刀在猴面包树上挖一个洞，就可以接水畅饮一番了。

猴面包树

非洲象是陆地上体形最大的哺乳动物。

尼日利亚开采海底石油的井架

迅速发展的石油工业

非洲的几内亚湾近年来发现了储量非常丰富的石油资源。地处几内亚湾的尼日利亚目前是非洲最大的石油生产国和世界第六大石油出口国。

尼罗河

非洲的母亲河

尼罗河是世界第一长河，全长 6600 多千米。它自南向北流经非洲的东北部，注入地中海。尼罗河对沿河两岸人们的生活有着非常重要的影响。尼罗河的下游地带和尼罗河三角洲是世界古文明的发祥地之一。

尼罗河航运发达，船只通行不断。

埃及的阿布辛贝神庙是非洲著名的旅游景点。

běi fēi hé dōng fēi
北非和东非

běi fēi shì zhǐ fēi zhōu sā hā lā shā mò yǐ běi de dì qū bāo kuò āi jí ā ěr jí lì yà
北非是指非洲撒哈拉沙漠以北的地区，包括埃及、阿尔及利亚、
sū dān tū ní sī děng guó jiā jū mín dà bù fen shì ā lā bó rén guò zhe yóu mù shēng huó dōng
苏丹、突尼斯等国家，居民大部分是阿拉伯人，过着游牧生活。东
fēi wèi yú fēi zhōu de dōng bù gāo yuán zhǔ yào guó jiā yǒu āi sài é bǐ yà tǎn sāng ní yà děng jū
非位于非洲的东部高原，主要国家有埃塞俄比亚、坦桑尼亚等，居
mín dà duō shì hēi rén guò zhe dìng jū de shēng huó
民大多是黑人，过着定居的生活。

从这些岩画中可以看出，撒哈拉沙漠曾经是水草丰美、牛羊成群的地方。

阿杰尔高原上的岩画

阿杰尔高原位于阿尔及利亚境内的撒哈拉沙漠中，这里保存有几千幅古代人类在岩石上创作的绘画。这里的岩画大多数画的是狮子、马、羚羊等动物的形象，非常生动。

突尼斯老城

突尼斯老城是突尼斯城的旧城区。在12～16世纪时，突尼斯曾经是伊斯兰世界最富有的城市。目前，突尼斯老城里还保存有许多古代的宫殿、清真寺和陵墓等。

阿克苏姆方尖碑位于埃塞俄比亚北部的阿克苏姆，高达33米，已经有2000多年的历史，是古时候竖立起来的最高石碑。

突尼斯老城是北非伊斯兰城市规划中最谐调的典范之一。

塞伦盖蒂国家公园野生动物众多，自然景观丰富多彩。图为公园内的牛羚。

·奥秘大公开·

苏丹国名的来历

在伊斯兰教里，苏丹原指道德或宗教权威人士。自 11 世纪起，苏丹成为伊斯兰教国家统治者的称号。苏丹过去曾长期由埃及的苏丹统治，苏丹的国名也由此而来。

长颈鹿是非洲特有的动物，主要分布在埃塞俄比亚、苏丹、坦桑尼亚等国。

塞伦盖蒂国家公园

塞伦盖蒂国家公园位于坦桑尼亚北部，面积大约 1.4 万多平方千米，是坦桑尼亚面积最大、野生动物最集中的天然动物园。“塞伦盖蒂”在坦桑尼亚马赛族语中的意思是“无边的草原”。

拉利贝拉教堂局部

岩石上开凿的教堂

东非埃塞俄比亚的山区，坐落着 11 座基督教教堂，它们以埃塞俄比亚 12 世纪时的国王拉利贝拉的名字命名。这些教堂在岩石中开凿修成，像一座座巨大的石刻雕塑，非常壮观。

无数信徒现在仍然常到拉利贝拉教堂群朝圣。

尼罗河三角洲

āi jí
埃及

āi jí wèi yú běi fēi dà bù fen tǔ dì shǔ yú
埃及位于北非，大部分土地属于
rè dài shā mò dà bù fen rén kǒu dōu
热带沙漠，大部分人口都
jū zhù zài ní luó hé hé gǔ liǎng àn hé
居住在尼罗河河谷两岸和
ní luó hé sān jiǎo zhōu dì qū shǒu dū kāi luó shì fēi
尼罗河三角洲地区。首都开罗是非
zhōu dì yī dà chéng shì fēi cháng fán huá rè nao
洲第一大城市，非常繁华热闹。

尼罗河三角洲

尼罗河三角洲位于埃及北部，由尼罗河携带的泥沙在入海口堆积形成。尼罗河三角洲地势低平，土壤肥沃，农业发达。

·奥秘大公开·

“屎壳郎”是古埃及人的太阳神

屎壳郎的学名叫蜣螂，是一种以动物的粪便作为食物的昆虫。古埃及人把屎壳郎看做是太阳神的化身，象征着复活和永生。古埃及人生前和死后，都要佩戴屎壳郎形状的护身符。

用象形文字所写的咒语

象形文字

公元前3500年以前，埃及人就已发明了象形文字。对于简单的事物，他们用一个相应的图形表示，如表示太阳，就画一个圆圈，中间加上一点。对于复杂的事物或抽象的概念，就用几个图画符号组成一个复杂的符号。

胡夫、哈弗拉和门卡乌拉三大金字塔，代表着埃及金字塔的最高成就。

正在用象形文字做记录的“书记官”塑像

在帝王谷入葬的法老们不再建造金字塔作为自己的陵墓。

这是图坦卡蒙陵墓中的一把黄金座椅，椅背上雕刻着他和妻子的形象。

· 奇妙大看台 ·

图坦卡蒙的诅咒

1922年，英国一支探险队在帝王谷发现了法老图坦卡蒙的陵墓。不久之后，探险队的许多人都相继死掉了，"图坦卡蒙的诅咒"被传得沸沸扬扬。后来，科学家经过调查发现，这些人大多是死于图坦卡蒙陵墓里的病毒感染，另外一些人是死于意外事故。

图坦卡蒙墓葬出土的黄金面具

帝王谷

帝王谷位于埃及底比斯附近的尼罗河西岸，深藏在群山之中。古埃及许多法老都安葬在这里，所以它被称做"帝王谷"。法老们的陵墓开凿在一座金字塔形的山坡上，著名的图坦卡蒙陵墓也是在这里被人们发现的。

金字塔

金字塔是古埃及国王的陵墓，建于4500年前。现在，埃及境内保存至今的金字塔有96座，大部分位于尼罗河西岸的沙漠边缘。金字塔是一种方锥形的建筑物，它的底座是四方形的，越往上越窄，直至塔顶，看起来像汉字的"金"字，所以被称为"金字塔"。

zhōng fēi hé xī fēi
中非和西非

大猩猩生活在非洲中部的高山森林里，性情温和，非常聪明。

zhōng fēi bāo kuò kā mài lóng gāng guǒ zàn bǐ yà děng guó jiā zhè yī dì qū zhí
中非包括喀麦隆、刚果、赞比亚等国家，这一地区植
bèi mào mì zī yuán fēng fù xī fēi zhǔ yào yǒu jiā nà sāi nèi jiā ěr děng guó jiā
被茂密，资源丰富。西非主要有加纳、塞内加尔等国家。
cóng běi wǎng nán xī fēi de jǐng guān jīng lì le shā mò cǎo yuán rè dài yǔ lín de jù
从北往南，西非的景观经历了沙漠、草原、热带雨林的巨
dà biàn huà
大变化。

非洲中西部的喀麦隆被称为非洲大陆的“鱼米之乡”。图为喀麦隆共和国国旗。

野生动物的天堂

中非和西非的野生动物众多，狮子、大象、斑马、羚羊、大猩猩等非洲特有的动物生活在草原、森林里。许多非洲国家建起了自然保护区和国家公园，为动物们创造了一个不受外界打扰的生存环境。

·奥秘大公开·

非洲草原的动物定期迁徙

非洲草原的气候分为雨季和旱季，雨季时，草木茂盛，动物的食物充足；旱季时，草木干枯，食物短缺。动物们逐渐形成了定期向有水源的地区迁徙的习惯。

刚果盆地的热带雨林

刚果盆地位于非洲中西部，是非洲最大的盆地。这里的气候炎热多雨，茂密的热带雨林覆盖了盆地的大部分土地。

非洲的热带雨林中生活着狒狒、黑猩猩、大猩猩及各种各样的鸟类等动物。

白犀牛是一种珍稀动物，生活在非洲中部。它的体形巨大，只比非洲象小一点。

维多利亚瀑布

维多利亚瀑布位于非洲赞比西河中游，地跨赞比亚和津巴布韦两国。维多利亚瀑布落差106米，是世界最大的瀑布。19世纪中期，英国探险家利文斯敦首先发现了这个瀑布，他以当时英国女王的名字为瀑布命名，并把瀑布称为“非洲最大的奇景”。

维多利亚瀑布经常有彩虹出现。

维多利亚瀑布被非洲当地人称做“莫西奥图尼亚”，这是维多利亚瀑布的另一个名字，意思是“声若雷鸣般的雨雾”。

赞比亚铜矿

赞比亚的自然资源丰富，尤其是铜矿资源丰富，蕴藏量有9亿多吨，约占世界铜总蕴藏量的6%，有“铜矿之国”之称。

赞比亚蕴藏着丰富的铜矿资源，是世界第四大铜矿生产国。

·奇妙大看台·

世界上最矮的俾格米人

俾格米人生活在中非的热带雨林里，外形和平常的黑人一样，嘴巴和眼睛很大，深褐色的皮肤，但他们的身高只有1.4米左右。俾格米人靠采集野果和打猎为生。和他们在一起，就像来到了童话里的小人国。

俾格米人

nán bù fēi zhōu
南部非洲

nán bù fēi zhōu dì qū bāo kuò nán fēi nà mǐ bǐ yà jīn bā bù wéi mò sāng bǐ kè děng guó zhè yī dì qū yōng yǒu fēng fù de kuàng chǎn zī yuán qí zhōng huáng jīn zuàn shí de chǔ liàng zhàn shì jiè dì yī nán fēi shì fēi zhōu jīng jì fā zhǎn shuǐ píng zuì gāo de guó jiā

南部非洲地区包括南非、纳米比亚、津巴布韦、莫桑比克等国。这一地区拥有丰富的矿产资源，其中黄金、钻石的储量占世界第一。南非是非洲经济发展水平最高的国家。

大津巴布韦遗址

大津巴布韦遗址位于津巴布韦首都哈拉雷以南约300多千米处，是撒哈拉以南地区最重要的古代文明遗迹。这里曾是南部非洲古王国的都城，整个建筑共由90多万块花岗石砌成，宏伟壮观。

南非

黄金

黄金之国

南非是世界上最主要的矿产国之一，黄金的产量和出口量几十年来一直居世界首位。南非也因此被称为“黄金之国”。

大津巴布韦遗址

大津巴布韦出土的“津巴布韦鸟”石雕是津巴布韦的象征。

祖鲁人至今仍保留着比较原始的生活方式，他们袒胸露背，部落里仍遵循着重男轻女的习俗。

祖鲁人

祖鲁人是南非的土著民族之一，以勇敢善战闻名。祖鲁人曾与英国殖民者发生过多次血战。目前，祖鲁人大多在南非的工矿企业里上班，但仍有少数人保留着传统的生活方式。

身穿民族传统服装的南非少女正在放声歌唱。

·奇妙大看台·

世界上最大的钻石

世界上最大的钻石库利南是1905 年在南非普列米尔金矿发现的，重达 621.2 克。后来，它被分割成 9 颗大钻石和 96 颗小钻石，"库利南第一" 是其中最重的一粒，形状为梨形，有 74 个刻面，被镶嵌在了英国国王的权杖上。

钻石是质地最硬的矿物，价值不菲，被视作财富和地位的象征。

·奥秘大公开·

"好望角"名称的来历

好望角位于非洲西南端，原名"风暴角"。1488 年 12 月，葡萄牙航海家迪亚士向若奥二世陈述了"风暴角"的见闻，若奥二世认为绕过这里就能到达印度，因此将它改名为"好望角"。

骷髅海岸

非洲南部的纳米比亚西临大西洋，海岸线长达 500 多千米。这片海域充满了危险，水下暗流、大风、迷雾和暗礁经常使来往的船只失事。海岸上有许多船只残骸及遇难人员的骸骨，所以这里被人们称做"骷髅海岸"。

骷髅海岸上植被稀少，沙丘密布，非常荒凉。

běi měi zhōu
北美洲

běi měi zhōu wèi yú xī bàn qiú de běi bù shì shì jiè dì sān dà zhōu
北美洲位于西半球的北部，是世界第三大洲。
jiā ná dà měi guó hé mò xī gē shì běi měi zhōu de ge zhǔ yào guó jiā
加拿大、美国和墨西哥是北美洲的3个主要国家。
běi měi zhōu gè guó de jū mín dà duō shì ōu zhōu yí mín de hòu dài yìn dì
北美洲各国的居民大多是欧洲移民的后代，印第
ān rén shì běi měi zhōu de tǔ zhù jū mín
安人是北美洲的土著居民。

北美洲境内的落基山脉风光非常美丽。

东西高、中间低的地形

北美洲的地形可以纵向分为三个部分，西部是连绵不断的山脉，中部是广阔无垠的平原，东部是起伏低缓的高原。概括地说，就是东西两边高，中间部分低。

印第安人是对除因纽特人以外所有美洲古老居民的称呼。美洲的印第安人分为许多个部落，大多以狩猎为生，各自有着自己独特的生活习惯和传统。

北美洲夏季时经常出现龙卷风这种破坏性天气。

复杂多样的气候

北美洲面积广大，地面受热状况有很大的差异，拥有复杂多样的气候类型。从寒带到热带、从大陆东岸到大陆西岸的各种气候类型，它都同时具备，比如极地冰原气候、温带大陆性湿润气候、温带海洋性气候、亚热带湿润气候、热带海洋性气候等。

高度发达的经济

北美洲的美国、加拿大是世界上较发达的国家。由美国、加拿大和墨西哥 3 国组成的北美自由贸易区，是除欧盟外世界上最大的经济体。中国和美国的贸易往来非常紧密，美国是中国最重要的贸易对象。

· 奥秘大公开 ·

印第安人名称的来历

哥伦布的船队在北美洲巴哈马群岛的一个岛屿上岸后，错误地认为自己发现的是亚洲的印度，并把岛上的土著居民称为“indian”，即印第安人。印第安人这个名称逐渐就成为了美洲土著居民的统称。

意大利航海家哥伦布

移民大陆

北美洲是一个由移民组成的大陆，西班牙人、英国人和法国人都曾先后在这个大陆上进行过殖民开发。许多欧洲人出于改变生活状况的愿望，不远万里乘船来到美洲大陆，开始了全新的生活。

· 奇妙大看台 ·

牛仔裤

牛仔裤是北美洲的美国人 19 世纪时发明的一种服装。它由蓝色的帆布制成，并用铜钉加固缝线，非常结实耐磨。这种长裤首先在美国西部牛仔中流行，后来传遍了全世界。

穿着牛仔裤的工人

来自世界各地的移民在北美洲都快乐地生活着。

jiā ná dà
加拿大

jiā ná dà de lù dì miàn jī jū shì jiè dì èr wèi
加拿大的陆地面积居世界第二位，
tā de běi bù wèi yú běi jí quān nèi qì hòu hán lěng rén
它的北部位于北极圈内，气候寒冷，人
yān xī shǎo dà bù fen jū mín shēng huó zài dōng nán bù de wò
烟稀少，大部分居民生活在东南部的渥
tài huá hé duō lún duō děng dì
太华和多伦多等地。

许多加拿大人住宅的房前屋后都种有枫树。

枫叶之国

枫树是加拿大最常见的树种，其中以东南部地区的枫叶最多最美。每年秋天，枫树叶把四周环境渲染成火红或金黄色的一片。加拿大人特别喜欢枫树，把它定为自己国家的国树，加拿大的国旗上也有枫叶的图案。加拿大也因此被称为“枫叶之国”。

加拿大国家电视塔

加拿大国家电视塔位于多伦多市的安大略湖畔，高533米，是多伦多的标志性建筑。它既是通讯和广播发射中心，又是旅游和文化娱乐活动场所。

加拿大国家电视塔自1976年建成开放以来，已接待了3600多万游客，是加拿大著名的旅游景点。

加拿大有许多风格独特的建筑。

魁北克这个名称来自当地的印第安语，意思是“河流变窄之处”。北美洲的大河圣劳伦斯河从魁北克古城城下流过。

魁北克古城

魁北克古城位于加拿大东南部，由法国殖民者所建，并长期由法国人统治，是一座法国风情浓厚的城市。魁北克古城的街道、店铺、咖啡厅、教堂，一切的细节都与法国的城市相似。行走在魁北克古城内，感觉就像是漫步在法国街头。

尼亚加拉瀑布

尼亚加拉瀑布位于加拿大和美国交界的尼亚加拉河上，落差大约为 50 米。水量丰富的尼亚加拉河流到这里突然跌落，形成瀑布，发出的声音就像打雷一样。

·奥秘大公开·

为什么很多加拿大人说法语

加拿大曾是法国的殖民地，有很多法国人移民到魁北克地区定居。虽然后来魁北克被英国夺去，但魁北克人一直坚持使用法语。这就是很多加拿大人说法语的原因。

·奇妙大看台·

枫糖节

枫糖节是加拿大传统的民间节日，时间是每年春天的 3 月中旬到 4 月初。这段时间是采集枫汁、熬制枫糖的季节。一些生产枫糖的农场会为游客表演制作枫糖的过程，有的还向游客免费供应枫糖糕。

在枫糖节，一名加拿大妇女正在用枫汁熬制枫糖。

参观尼亚加拉瀑布最好的时间是每年的 7~9 月，因为全年这一时节的水量最大。

měi guó
美国

měi guó wèi yú běi měi zhōu zhōng bù fú yuán liáo kuò zī yuán fēng fù
美国位于北美洲中部，幅员辽阔、资源丰富。
tā shì yī ge nián qīng de guó jiā chéng lì de shí jiān zhǐ yǒu duō nián dàn
它是一个年轻的国家，成立的时间只有200多年，但
què shì shì jiè shang jīng jì zuì fā dá de guó jiā tā de rén kǒu yóu lái zì
却是世界上经济最发达的国家。它的人口由来自
shì jiè gè dì de yí mín zǔ chéng
世界各地的移民组成。

位于华尔街的纽约证券交易所是全世界最大的股票交易所，也是全世界经济的晴雨表。

华尔街

华尔街位于美国纽约的曼哈顿区，是世界著名的金融中心。这里集中了美国各大财团、保险公司的总部，世界上资金规模最大的股票交易所也坐落在这里。

航天飞机正在肯尼迪航天中心发射升空。

·奥秘大公开·

美国的高科技为什么非常发达

这是因为美国的教育制度比较完善，能够为高科技领域提供所需的专业人才；其次是美国有许多家有"高科技孵化器"之称的风险投资基金，它们能够帮助各种高新技术顺利地实现商业化。

篮球运动在美国非常普及。

肯尼迪航天中心

肯尼迪航天中心位于美国东南部的佛罗里达州，是美国航天局最重要的基地。美国航天飞机的历次发射都是在这里进行的。肯尼迪航天中心以美国总统肯尼迪的名字命名，在它的推动下，人类至今为止最大的航天工程——"阿波罗"登月计划得以顺利实施。

迪斯尼乐园定期举行的盛装游行表演十分精彩。

迪斯尼乐园

迪斯尼乐园是美国的大型主题游乐公园，每年吸引了众多的游客。它由美国动画大王沃尔特·迪斯尼创建。在这里，孩子们能够和童话中的人物一起开心地游玩。

迪斯尼创作的经典动画形象——唐老鸭和米老鼠

自由女神像坐落在纽约港，是美国建国100周年国庆时法国送给美国的礼物。

·奇妙大看台·

好莱坞

好莱坞位于美国加利福尼亚州洛杉矶附近，是一座闻名世界的电影城。这里集中了美国所有的大型电影公司，所以好莱坞也是美国电影业的代称。

奥斯卡奖杯

“民族熔炉”

美国纽约是座国际性的大都市，有“民族熔炉”之称，来自世界各地的人们在这里共同生活，相互融合。欧洲的白种人、非洲的黑种人和亚洲的黄种人，不分肤色，在这块土地上都能找到属于自己的生存空间。

各种肤色的人在纽约都能快乐地生活。

mò xī gē
墨西哥

mò xī gē wèi yú běi měi zhōu nán bù shì yī ge lì shǐ yōu jiǔ de wén
墨西哥位于北美洲南部，是一个历史悠久的文
míng gǔ guó wén míng yú shì de mǎ yǎ wén huà ā zī tè kè wén huà dōu shì
明古国，闻名于世的玛雅文化、阿兹特克文化都是
mò xī gē gǔ yìn dì ān rén chuàng zào de mò xī gē jū mín dà duō xìn fèng
墨西哥古印第安人创造的。墨西哥居民大多信奉
tiān zhǔ jiào xī bān yá yǔ shì mò xī gē de guān fāng yǔ yán
天主教，西班牙语是墨西哥的官方语言。

墨西哥加勒比海沿岸阳光明媚，沙滩细软洁白，吸引了大批国外游客。

坎昆是墨西哥著名的旅游胜地。

墨西哥城

墨西哥城是墨西哥的首都，位于墨西哥高原南部的湖积平原上。墨西哥城的历史非常悠久，它曾是阿兹特克帝国的都城，市内保存有大量古代印第安人的文化遗迹。

特奥蒂瓦坎古城遗址俯瞰

特奥蒂瓦坎

特奥蒂瓦坎位于墨西哥城东北 40 千米处，是墨西哥古代阿兹特克人修建的规模巨大的城市。城内拥有大量宏伟的建筑，包括著名的太阳金字塔和月亮金字塔。

仙人掌的故乡

墨西哥是仙人掌的故乡。全世界有两千多种仙人掌，其中一半左右就产在墨西哥。仙人掌全身带刺，具有顽强的生命力。不论环境怎么恶劣，它总是显得生机勃勃。

白银王国

墨西哥以盛产白银而著称于世，其白银产量居世界首位，有“白银王国”之称。墨西哥银矿开采历史悠久，古城瓜纳华托和波多西至今仍保持着很高的产量。

·奥秘大公开·

阿兹特克帝国的灭亡

阿兹特克帝国曾创造了辉煌的文明，但西班牙人在征服阿兹特克帝国的过程中，将天花病毒带到了这里，天花在印第安人中肆虐，上百万印第安人死亡。阿兹特克帝国因此不战自败。

·奇妙大看台·

玉米的故乡

墨西哥是玉米的故乡，种植和食用玉米的历史已有 5000 多年了。玉米是墨西哥人民的主食，他们用玉米粉制成烤饼、玉米粥和各种甜点。墨西哥南部瓦哈卡州的印第安部族，人们每年都会载歌载舞，隆重祭祀玉米神，庆祝丰收。

玉米

仙人掌是墨西哥的国花。墨西哥人用仙人掌的汁液做饮料，果实作为水果或者用于酿酒。

zhōng měi zhōu hé jiā lè bǐ hǎi dì qū
中美洲和加勒比海地区

zhōng měi zhōu shì zhǐ mò xī gē yǐ nán gē lún bǐ yà yǐ běi de měi
中美洲是指墨西哥以南、哥伦比亚以北的美
zhōu dà lù zhōng bù dì qū jiā lè bǐ hǎi dì qū wèi yú nán běi měi zhōu zhī
洲大陆中部地区。加勒比海地区位于南北美洲之
jiān shì shì jiè wén míng de lǚ yóu shèng dì
间，是世界闻名的旅游胜地。

船舶正在通过巴拿马运河。

巴拿马运河

巴拿马运河位于巴拿马的中部，是一条沟通大西洋和太平洋的著名国际通航运河，也是南北美洲的分界标志。它的全长超过80千米，一艘普通船舶通过巴拿马运河大约需要8小时。

·奥秘大公开·

“巴拿马”的由来

16世纪初，哥伦布的探险船队在巴拿马沿海登陆。他们发现这里到处都是蝴蝶，于是就用当地印第安人的叫法，把这个地方称为“巴拿马”，意思是“蝴蝶飞舞的地方”。

哈瓦那老城堡

哈瓦那老城

哈瓦那老城位于古巴首都哈瓦那东部，因完整地保存了西班牙殖民时代的一大批古建筑而闻名于世。哈瓦那老城的建筑风格庄重典雅，外观古香古色，具有独特的历史文化价值。

佳卡努节

佳卡努节是巴哈马的传统节日。节日从 12 月 26 日开始，一直持续到第二年的 1 月 1 日。人们身穿鲜艳的服装在街头进行游行表演，在乐器的伴奏下起舞。为了迎接这个节日，人们通常要花上好几个月的时间来准备参加游行的服饰和练习新编排的舞蹈。

中美洲地区有着独特的文化和风情。图为节日的人们在尽情狂欢。

哥斯达黎加的热带森林

中美洲的花园

哥斯达黎加以“中美洲的花园”闻名于世。这里气候炎热、多雨，热带雨林茂密，动植物种类丰富。森林中生长着 6000 多种花卉，仅兰花就有 2000 多种。栖息在森林中的鸟类超过 800 种。

变色龙是生活在中美洲热带雨林中的一种奇特动物，它能够根据周围的环境变换身体的颜色。

蓝色大闪蝶生活在中美洲的热带雨林里。

切叶蚁生活在中美洲的热带丛林里，它们可以把叶子从树上切成小片带到蚁穴里发酵，然后吃在上面长出来的蘑菇。

安哲尔瀑布位于南美洲北部委内瑞拉内陆地区，落差达979米，是世界上落差最大的瀑布。

nán měi zhōu 南美洲

nán měi zhōu wèi yú bā ná mǎ yùn hé yǐ nán bāo kuò bā xī ā gēn tíng bì lǔ bō lì wéi yà wěi nèi ruì lā zhì lì děng guó nán měi zhōu de jū mín dà duō shì hùn xuè rén zhǒng xī bān yá yǔ hé pú táo yá yǔ shì nán měi gè guó jū mín shǐ yòng de zhǔ yào yǔ yán

南美洲位于巴拿马运河以南，包括巴西、阿根廷、秘鲁、玻利维亚、委内瑞拉、智利等国。南美洲的居民大多是混血人种，西班牙语和葡萄牙语是南美各国居民使用的主要语言。

南美洲的安第斯山脉是世界上最长的山脉。

东西高、中间低的地形

南美洲的地形与北美洲相似，东西高、中部低。西部的安第斯山脉纵贯南美大陆，东部的亚马孙冲积平原和古老的巴西高原交错在了一起。

·奇妙大看台·

结绳记事

南美洲印加人没有发明用于书写的文字，但却创造了独一无二的结绳记事。这些绳子将官方所需要的各种统计数据，如国内每个粮仓存储的谷物量都准确地记录了下来。

印加人结绳记事所用的绳子多由羊驼毛制成。

温暖多雨的气候

南美洲的气候特点是温暖、多雨。除了安第斯山脉山区，南美洲各地全年温度都在20℃以上。南美洲还是世界上雨水最多的一个大洲。

秘鲁的印加马丘比丘圣城遗迹是南美洲最具神秘色彩的古迹之一。

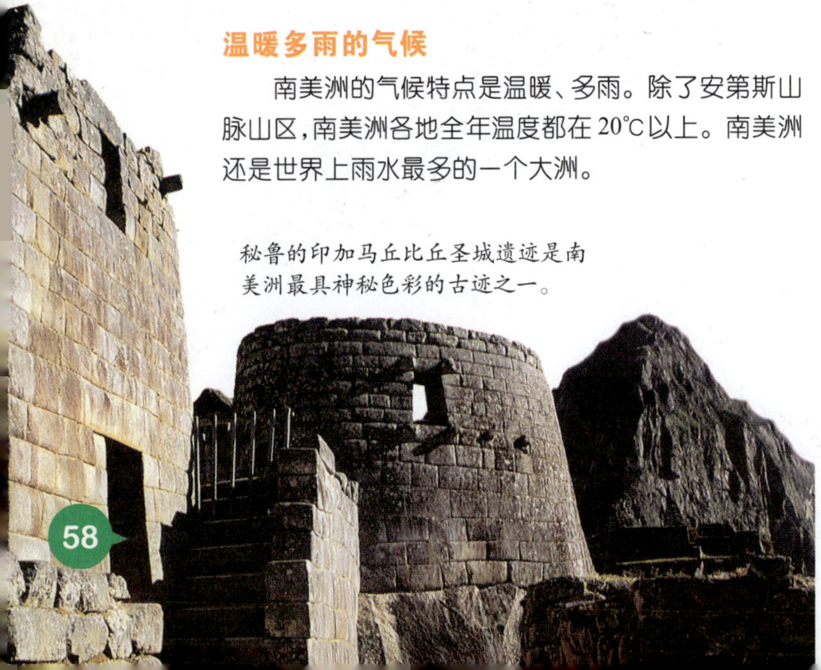

秘鲁人大多是欧洲白人和印第安人的混血后代。

农业大洲

南美洲是一个农业大洲，巴西咖啡、大豆的产量位居世界前列。哥伦比亚、厄瓜多尔的香蕉、可可，阿根廷的甘蔗和棉花也在世界农产品市场上占有重要地位。

阿根廷的畜牧业也非常发达，有“南美洲肉仓”之称。

·奥秘大公开·

纳斯卡巨画

秘鲁南部有一处令人难以解释的奇迹。在 300 多平方千米的范围内，有数百幅巨型几何图案，这些图案的造型各异，只能从空中才能看清全部轮廓。

高度混血的人口

欧洲殖民者征服美洲后，欧、亚、非三大洲的大批移民不断涌入南美洲，这改变了南美洲原来印第安人单一的种族构成。各人种之间相互通婚，使南美洲成为人口高度混血的大陆。

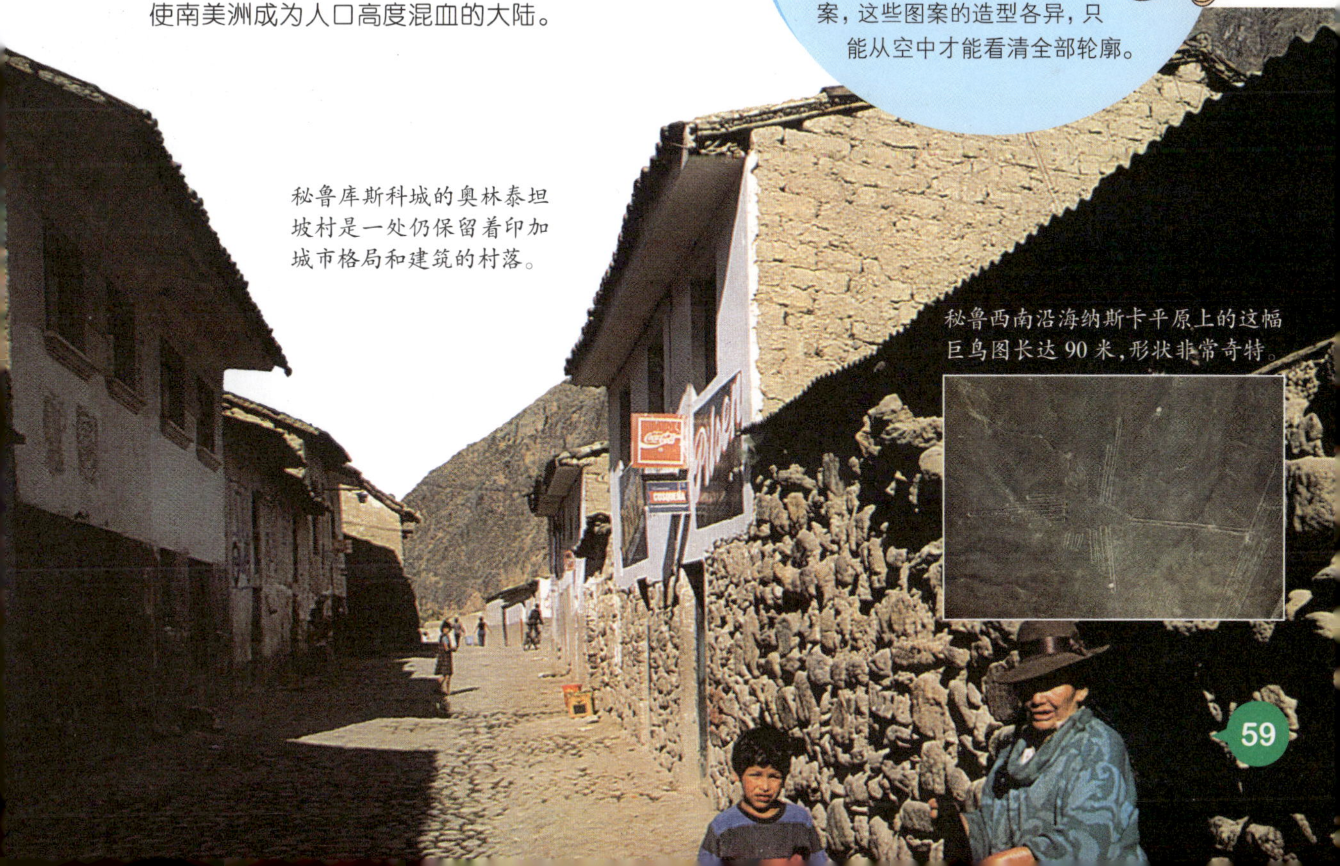

秘鲁库斯科城的奥林泰坦坡村是一处仍保留着印加城市格局和建筑的村落。

秘鲁西南沿海纳斯卡平原上的这幅巨鸟图长达 90 米，形状非常奇特。

亚马孙河养育了性格豪爽的巴西人。

巴西

巴西位于南美洲东南部，是南美洲面积最大的国家。巴西自然条件得天独厚，矿产资源丰富，亚马孙热带雨林占全世界森林面积的三分之一。

巴西利亚

巴西利亚是巴西的首都，位于巴西内陆高原，是一座规划建成的新型城市。巴西利亚这座城市的整体形状就像一架飞机：巴西议会大厦、总统府和最高法院位于“机头”的位置，长长的“机身”中间是宽阔的城市公园，一直伸向“机尾”。

·奥秘大公开·

“地球之肺”

巴西亚马孙河流域热带雨林的面积达700万平方千米，比整个欧洲的面积还要大。地球上三分之一的氧气是由这里的森林产生的，所以它被称为“地球之肺”。

亚马孙热带雨林景色

咖啡种植业

咖啡种植

自从18世纪种植咖啡以来，咖啡一直是巴西的主要经济收入来源。几十年来，巴西咖啡的产量一直是世界第一，也是世界最大的咖啡出口国。巴西国旗中央的图案就是一颗咖啡豆。

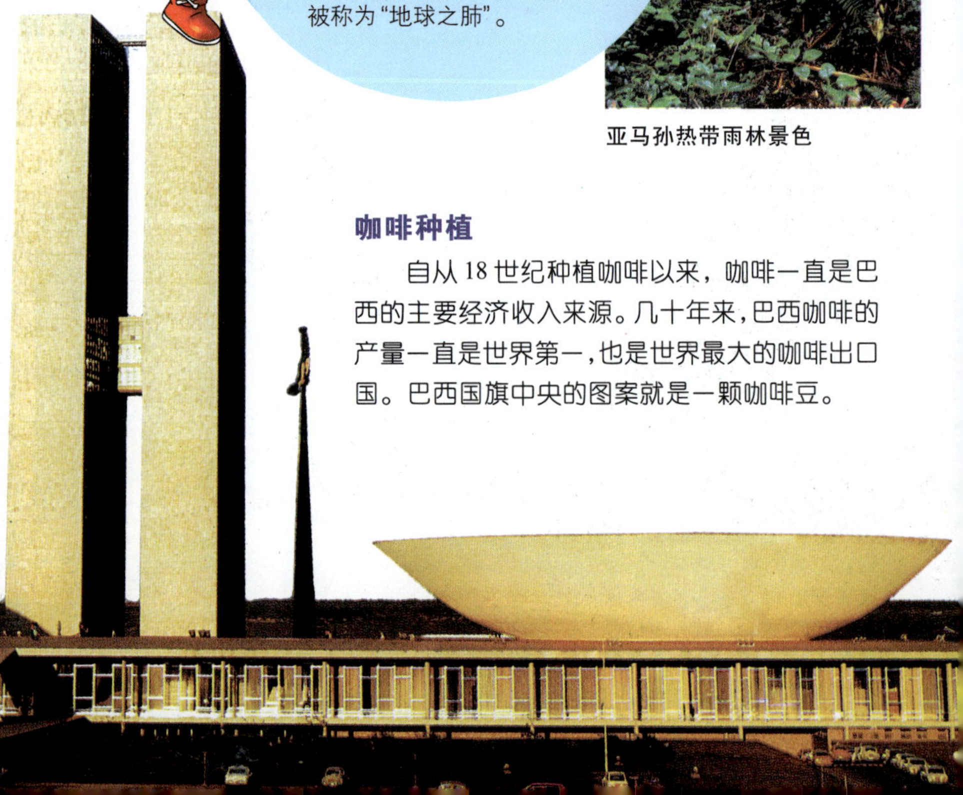
高高矗立的国会大厦是巴西利亚的标志性建筑。

狂欢节上，游行的队伍令人目不暇接。

巴西狂欢节

巴西狂欢节是巴西人热情爆发的时节。工人扮成18 世纪的皇族，母亲扮成婴孩，男人扮成女人，人们载歌载舞，狂欢整整四天四夜。

足球这项运动深受巴西人民喜爱。

巴西的建筑别具特色。

足球王国

足球是最受巴西人喜爱的体育运动，成为职业足球运动员是每个男孩的梦想。巴西建有世界上最大的足球场，几乎所有成年男子都踢球或看球。在世界上，巴西是赢得世界杯足球赛冠军次数最多的国家。

布宜诺斯艾利斯市中心的方尖纪念塔高72米，是1980年为纪念布宜诺斯艾利斯建城400周年而建的。

ā gēn tíng
阿根廷

ā gēn tíng wèi yú nán měi zhōu dōng nán
阿根廷位于南美洲东南
bù ān dì sī shān mài zòng guàn xī bù dì
部，安第斯山脉纵贯西部，地
shì yóu xī xiàng dōng zhú jiàn jiàng dī ā gēn tíng
势由西向东逐渐降低。阿根廷
nóng mù yè fēi cháng fā dá
农牧业非常发达。

高乔人的穿着和打扮完全是为了养马的需要。

布宜诺斯艾利斯

布宜诺斯艾利斯是阿根廷的首都，南美洲最繁华的都市之一。它位于拉普拉塔河西岸，风景优美，气候宜人，有“南美洲的巴黎”之称。

·奥秘大公开·

阿根廷被称做“粮仓肉库”

阿根廷农牧业发达，农业的劳动生产率很高，大豆、小麦等农作物的单位产量排名世界前列，牧场面积占国土面积的55%，是世界上粮食、肉类生产和出口的大国，所以被称做“粮仓肉库”。

阿根廷的高乔人

阿根廷的北部和中部有一大片气候干燥的平原，在平原上生活着养马的高乔人，驯服野马是他们世代相传的特长。他们大部分是欧洲移民的后代，有着鲜明的服饰风格。

瓦尔德斯半岛的海湾是海洋野生动物和海鸟的天然庇护所。

瓦尔德斯半岛

瓦尔德斯半岛位于阿根廷南部，这里的海湾有大量鲸鱼和企鹅出没，也是海象、海豹和海狮繁衍生息的场所。半岛上种类繁多的珍禽异兽和海滩奇特的景色，使半岛成为游客观光的绝妙去处。

伊瓜苏瀑布

冰上探戈

虎鲸

企鹅

伊瓜苏瀑布

伊瓜苏瀑布是世界上最壮观的瀑布之一。伊瓜苏河在流经巴西与阿根廷接壤的边境时，河道突然变宽达3000多米，飞泻而下，形成一排气势澎湃的瀑布。

·奇妙大看台·

阿根廷国舞——探戈

探戈是阿根廷的国舞，以华丽高雅、热烈奔放著称。它的舞步快慢错落、动静有致，令人眼花缭乱。探戈于1880年左右出现在布宜诺斯艾利斯的市郊，最初流行于下层大众之间。20世纪后，风行世界各地，成为流行的交谊舞蹈。

街头探戈舞即兴表演

dà yáng zhōu
大洋洲

dà yáng zhōu de yì si shì dà yáng zhōng de lù dì tā wèi yú
大洋洲的意思是“大洋中的陆地”，它位于
tài píng yáng zhōng sì miàn huán hǎi dà yáng zhōu de lù dì miàn jī dà yuē
太平洋中，四面环海。大洋洲的陆地面积大约
shì wàn píng fāng qiān mǐ shì shì jiè shang miàn jī zuì xiǎo de yī ge
是897万平方千米，是世界上面积最小的一个
dà zhōu dà yáng zhōu de zhǔ yào guó jiā yǒu ào dà lì yà hé xīn xī lán děng
大洲。大洋洲的主要国家有澳大利亚和新西兰等。

大洋洲有许多壮美的景色。图为新西兰的“波胡图”间歇泉喷发时的壮观景象。

大洋洲这块古老的大陆也有许多年轻的山脉，位于澳大利亚的蓝山山脉就是其中之一。

古老又年轻的大洲

大洋洲的澳大利亚大陆非常古老，许多岩石的岁数都在1亿年以上，科学家在澳大利亚的西部地区还发现过地球形成初期的古老岩石。但大洋洲的其他岛屿是在后来的地壳运动中形成的，年岁都很小。

大洋洲是一块古老的大陆，位于其中部荒原的艾尔斯巨石已有上亿年的历史，它十分壮观，被称为“世界七大奇景”之一。

图为新西兰的库克山国家公园，公园中的库克山是大洋洲第二高峰

·奥秘大公开·

珊瑚岛是怎么形成的

珊瑚岛是由珊瑚虫的尸体堆积形成的岛屿。珊瑚虫是一种生活在海洋中的微小生物，它们成群地聚集在一起生活，并且繁殖迅速，老的不断死去，新的珊瑚在死去的尸体上成长，时间长了，就形成了珊瑚岛。

矿产资源丰富

大洋洲蕴藏有丰富的矿产资源。澳大利亚的西北部是世界上铁矿石的主要产区，铁矿主要出口到日本和中国，东南部的阿德莱德地区和塔斯马尼亚岛出产锡矿。新喀里多尼亚是世界重要的镍矿开采中心，瑙鲁则是大洋洲中出产磷酸盐最多的国家。

袋鼠的胸前有一个育儿袋，未成年的袋鼠就生活在育儿袋里。

珊瑚礁岛由珊瑚虫的尸体堆积形成，是一种特殊类型的岛屿。

星罗棋布的岛屿

大洋洲除了澳大利亚之外，其他部分由上万个岛屿组成。这些岛屿集中分布在澳大利亚大陆的东、北两个方向，从西北向东南呈弧状分布。其中大多是珊蝴岛，还有一些是由火山爆发形成的岛屿。

进化缓慢的生物

大洋洲四面环海，与其他大陆隔绝，这造就了它独特的动植物种群。大洋洲没有进化成熟的哺乳动物，只有100多种有袋类动物，如澳大利亚特有的袋鼠、树袋熊等。

波浪岩位于澳大利亚中西部的沙漠中，是澳大利亚的一处风景名胜。

澳大利亚

澳大利亚地广人稀，资源丰富，经济发达，是大洋洲最大的国家。羊毛和铁矿石出口是澳大利亚的重要经济来源。澳大利亚有“骑在羊背上的国家”的称号。

树袋熊又叫考拉，它们以树为家，就连睡觉也不下来，是澳大利亚特有的珍稀动物。

悉尼是澳大利亚最大的城市。

大堡礁

大堡礁位于澳大利亚东部沿海，由大小600多个珊瑚岛礁组成。大堡礁的海域生活着数百种美丽的鱼类和稀奇古怪的海洋生物。

大堡礁生长着五颜六色的珊瑚。

·奥秘大公开·

澳大利亚独特的动植物

澳大利亚远离其他大陆，与世隔绝的环境使那里的动植物的进化速度非常缓慢，比别的大洲落后了一大截，所以澳大利亚的动植物看上去都古里古怪。

艾尔斯巨石

艾尔斯巨石矗立在澳大利亚内陆平坦而荒凉的平原上，是世界最大的裸露在地表的独块岩石。艾尔斯巨石颜色独特，早晚随着阳光的照射而发生不同的变化。

卡卡杜国家公园

艾尔斯巨石下的植物生长茂盛。

卡卡杜国家公园

卡卡杜国家公园位于澳大利亚北部地区，面积约2万多平方千米，以郁郁苍苍的原始森林、各种珍奇的野生动物和2万多年前的原始壁画闻名于世。

悉尼歌剧院

悉尼歌剧院是悉尼的标志性建筑。悉尼歌剧院里面有歌剧厅、音乐厅和话剧场，还有酒吧、餐厅、电影院和画廊等其他设施。

悉尼歌剧院既像正在扬帆出航的帆船，又像海滩上洁白的贝壳。

新西兰的罗托鲁阿是毛利人聚居区和著名的旅游胜地，在这里，你可以向毛利艺术大师学习传统的毛利雕刻技艺。

新西兰是帆船运动的强国之一，密布的湖泊港湾为水上运动创造了得天独厚的条件。

xīn xī lán

新西兰

xīn xī lán shì dà yáng zhōu de dǎo guó，wèi yú tài píng yáng xī nán bù，gé hǎi yǔ ào dà lì yà xiāng wàng。xīn xī lán yī nián sì jì qì hòu wēn hé，yáng guāng chōng zú，yǔ liàng fēng fù，nóng mù yè fā dá，bèi chēng wéi “xù mù zhī guó”。

新西兰是大洋洲的岛国，位于太平洋西南部，隔海与澳大利亚相望。新西兰一年四季气候温和，阳光充足，雨量丰富，农牧业发达，被称为“畜牧之国”。

·奥秘大公开·

新西兰国名的由来

18世纪末，英国著名探险家库克船长多次率船队来到新西兰，并测量绘制地图。此后，新西兰成为英国的殖民地，英国人为这块殖民地取名为“New Zealand”，即新西兰。

库克山

库克山位于新西兰南岛西部，海拔3764米，是新西兰的最高峰。库克山附近环绕着塔斯曼山等18座3000米以上的山峰，库克山的山坡地带分布着美丽的高山植物花园。

夏季时，漫山遍野的鲜花使库克山下变得五彩缤纷。

峡湾国家公园内雪山、湖泊相映成趣。

峡湾国家公园

峡湾国家公园位于新西兰南岛的西南角，面积超过 1.2 万平方千米，是新西兰最大的国家公园。米佛峡湾是峡湾国家公园最著名的景点，米佛峡湾狭窄幽深，两侧的山壁高约千米，如刀劈般笔直矗立。

罗托鲁阿

新西兰的罗托鲁阿地区到处弥漫着一股硫磺味，这主要是由罗托鲁阿地下丰富的地热资源造成的，地热还形成了罗托鲁阿独特的间歇泉景观。

身穿毛利人传统服装的少女

新西兰的毛利人利用罗托鲁阿的地热资源烹煮食物。

·奇妙大看台·

毛利人

毛利人是新西兰的少数民族，他们在 1000 年前乘木筏从太平洋中部的岛屿来到新西兰，并定居了下来。毛利人都是天生的艺术家，他们的木雕工艺非常出色，还个个能歌善舞，常常用歌舞来表达喜怒哀乐。

毛利人的木雕工艺品

剪羊毛

新西兰的畜牧业非常发达，约有 6000 万头绵羊。剪羊毛是件非常辛苦的工作，为了提高人们的工作兴趣，新西兰每年都会举行剪羊毛比赛等一系列热闹有趣的活动。

新西兰的牧场工人几乎每人都有一手剪羊毛的绝技。

破冰船在南极洲海域破冰前行。

nán jí zhōu
南极洲

nán jí zhōu shì shì jiè shang wéi yī yī ge méi yǒu cháng zhù
南极洲是世界上唯一一个没有常住
jū mín de dà lù tā gū dú de wèi yú dì qiú de zuì nán duān
居民的大陆，它孤独地位于地球的最南端。
zhè lǐ de qì hòu jí qí è liè jué dà bù fen lù dì dōu bèi
这里的气候极其恶劣，绝大部分陆地都被
bīng xuě suǒ fù gài yǒu bái sè dà lù zhī chēng
冰雪所覆盖，有“白色大陆”之称。

科学考察

目前有 20 多个国家在南极洲建立了 50 多个常年科学考察站，科学家们在考察站里对南极进行科学研究。研究项目包括南极洲的气候、南极洲的海洋生物等。

南极洲的主人——企鹅

南极洲附近的海域里，生活着包括体形巨大的章鱼在内的各种海洋生物。

恶劣的气候

南极洲气候的特点是严寒、狂风和干燥。这里年平均气温为零下 25℃，有记录的最低气温曾达到零下 94℃。南极洲是世界上风力最大的地区，最大风速在每秒 75 米以上。南极洲的年降水量只有 30 毫米左右，有“白色荒漠”的称号。

企鹅

企鹅是一种生活在海洋中的鸟类，也是南极的主要动物之一。它们的翅膀已经退化，不能再飞行。企鹅都是游泳高手，别看它们在陆地上走路摇摇晃晃、慢慢吞吞，可一到海里就变得非常灵活，凶狠的鲨鱼如果不是从背后偷袭，也抓不到它。

帝企鹅是体形最大的一种企鹅，生活在南极洲的沿海地区。

·奥秘大公开·

南极属于哪一个国家

人类发现南极洲后，一些国家先后宣布南极洲的部分土地属于自己的国家。1961 年 6 月，联合国通过了《南极条约》，规定南极洲不属于任何一个国家，它属于全人类。

鲸鱼出没的地方

鲸鱼是一种体形巨大的哺乳动物，生活在海洋中。南极盛产磷虾，包括蓝鲸在内的许多种鲸鱼都以磷虾作为主要食物来源，这使得南极洲海域有多种鲸鱼出没。

生活在南极海域的蓝鲸是世界上体积最大的动物。

běi jí dì qū
北极地区

běi jí dì qū shì wèi yú běi jí quān nèi de lù
北极地区是位于北极圈内的陆
dì dǎo yǔ hé hǎi yáng de zǒng chēng zhè lǐ qì hòu
地、岛屿和海洋的总称。这里气候
yán hán shēng huó zhe běi jí xióng běi jí hú hǎi bào
严寒，生活着北极熊、北极狐、海豹
děng gè zhǒng nài hán dòng wù
等各种耐寒动物。

北极熊全身长着厚厚的雪白的毛，有很强的御寒能力。

因纽特人

因纽特人生活在北极地区的冰封地带，以捕鱼和打猎为生。过去他们用雪块搭建小屋作为住所，现在他们大多住在木屋里，雪橇是他们出行时的主要工具。

北极熊

北极熊生活在北极地区，一年中的大部分时间都在海面的浮冰上度过。它是北极地区身体最壮、力气最大的动物，非常凶猛和贪食。

因纽特人特别能耐寒，狗拉雪橇是他们出行的交通工具。

·奥秘大公开·

因纽特人来自亚洲

北极地区的因纽特人与北美洲的印第安人一样，都不是原住民族。在1万年前，因纽特人的祖先通过冰冻的白令海峡，从亚洲迁移到了北美大陆，在美洲北部气候寒冷的地区定居了下来。

北极地区的海象

2

第二章

中国

中国是一个地大物博、幅员辽阔的美丽国度，这里有地球上独一无二的自然资源和地理风光，有中华各民族独特的民族风情，有历代王朝在这里留下的众多古迹，还有悠久的历史为我们留下的灿烂文明。在这一章里，我们将向小朋友们介绍我国的一些基本情况，并且把自然的博大、名山的雄奇、水乡的清秀等一一呈现在小朋友们面前，让大家了解更多关于祖国河山的知识。

zhōng huá rén mín gòng hé guó

中华人民共和国

wǒ men de zǔ guó shì zhōng huá rén mín gòng hé guó shì zài nián yuè rì chéng lì de zài jǐ shí nián de fā zhǎn guò chéng zhōng wǒ men de zǔ guó zhèng biàn de yuè lái yuè qiáng dà zài shì jiè shang yě fā huī zhe yuè lái yuè zhòng yào de zuò yòng

我们的祖国是中华人民共和国，是在1949年10月1日成立的。在几十年的发展过程中，我们的祖国正变得越来越强大，在世界上也发挥着越来越重要的作用。

国旗

中华人民共和国国旗是五星红旗。国旗的旗面用红色象征革命，五角星用黄色是因为黄色在红色的旗面上显得更明亮，同时也表达了中华儿女是黄色人种的含义。一颗大五角星代表中国共产党，四颗小五角星各有一尖正对着大五角星的中心点，代表全国人民紧密团结在中国共产党周围。

中华人民共和国国旗

华表是中华民族的传统建筑物，有着悠久的历史。

中华人民共和国国徽

国徽

中华人民共和国国徽的内容为国旗、天安门、齿轮和麦稻穗。天安门象征中国人民的革命传统和民族精神，齿轮象征工人阶级，麦稻穗象征农民阶级。

中国是世界上人口最多的国家。

升国旗时，人们要唱国歌。

国歌

中华人民共和国国歌是《义勇军进行曲》。它由田汉作词、聂耳作曲，创作于1935年。这首歌旋律激昂，催人奋进，在人民群众中广为流传，对激励中国人民的爱国主义精神起到了巨大的作用。

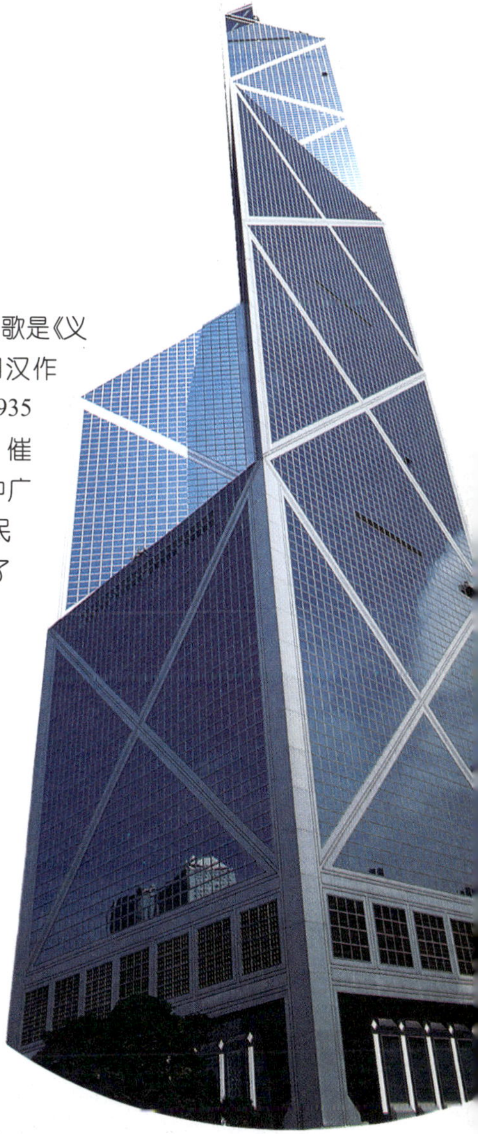

香港是我国的特别行政区。图为香港的标志性建筑——中银大厦。

行政区划

现在中国有34个省级行政区，其中包括23个省、5个自治区、4个直辖市和两个特别行政区。省级行政区的人民政府驻地叫做省会（或省城），中央人民政府所在地是首都。

·奥秘大公开·

23个省都有哪些

我国的23个省有黑龙江省、吉林省、辽宁省、河北省、山西省、陕西省、甘肃省、青海省、河南省、山东省、江苏省、安徽省、湖北省、湖南省、四川省、浙江省、福建省、江西省、贵州省、云南省、台湾省、广东省和海南省。

中华人民共和国中央人民政府之印

人民英雄纪念碑是方形的，分碑身、须弥座和台座三部分，是为了纪念在解放战争中牺牲的人民英雄而建立的。

shǒu dū běi jīng
首都北京

běi jīng shì zhōng huá rén mín gòng hé guó de shǒu dū shì quán guó de zhèng
北京是中华人民共和国的首都，是全国的政
zhì wén huà hé guó jì jiāo liú zhōng xīn tā shì yī zuò zhù míng de lì shǐ wén
治、文化和国际交流中心。它是一座著名的历史文
huà míng chéng jù jīn yǐ yǒu duō nián de lì shǐ zhè lǐ bù jǐn yǒu yōu
化名城，距今已有3000多年的历史。这里不仅有悠
jiǔ de lì shǐ yě yǒu zuì qián yán de wén huà xìn xī
久的历史，也有最前沿的文化信息。

天安门是首都北京的“心脏”。

天安门

天安门位于北京市区中心，前面是天安门广场，后面是明清两代皇帝居住的紫禁城。它原来是明清两代皇城的正门，称得上是我国古代最壮丽的城楼。现在，它已经成为北京，甚至是中国的象征，是全国各族人民向往的地方。

人民大会堂

人民大会堂坐落在天安门广场的西面，这里是全国人民代表大会开会的地方，也是国家领导人和人民群众举行政治、外交活动的场所。它的建筑面积达171800平方米，比故宫的全部建筑面积还要大。

人民大会堂

·奥秘大公开·

“公主坟”揭秘

北京有个叫“公主坟”的地方，一直以来很少有人知道里面葬的是哪位公主。直到1965年在这里修地铁的时候，人们经过发掘才揭开这个谜底。原来这里曾经埋葬过清朝嘉庆皇帝的两个女儿和硕公主和固伦公主，所以人们才把这里叫做“公主坟”。

北京大学

北京大学

北京大学位于北京城西郊，创建于1898年，是我国最早建立的一所国立综合性大学，为国家培养了许多人才。它具有光荣的革命传统和悠久的历史，并以优良的校风吸引着海内外的学生。

·奇妙大看台·

住山洞的“北京人”

1929年，人们在北京西南周口店龙骨山的山洞里发现了北京猿人的化石。因为它是在北京发现的，所以被命名为“北京人”。经过研究得知，“北京人”生活在距今约四五十万年前，是我国境内发现的较早的古代类人猿。

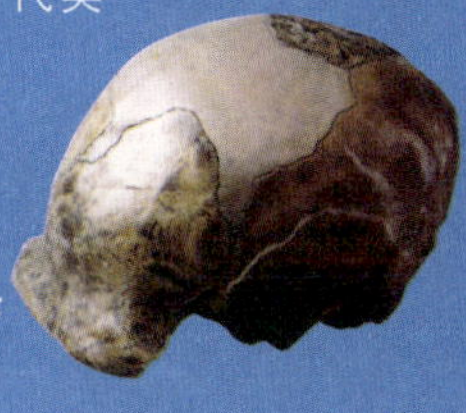

北京人头骨化石

中国历史博物馆和中国革命博物馆

中国历史博物馆和中国革命博物馆位于天安门广场东面，两个博物馆在一个建筑物里面，以中央大厅为分界线，南半部分是中国历史博物馆，北半部分是中国革命博物馆。博物馆里馆藏丰富，全面、系统地展现了中国历史，成为进行爱国主义教育的重要地方。

中国历史博物馆和中国革命博物馆

内蒙古牧民

zì zhì qū

自治区

zì zhì qū zhǔ yào zhǐ de shì shǎo shù mín zú dì qū
自治区主要指的是少数民族地区，
tā men shì zǔ guó bù kě fēn gē de bù fen xiàn zài wǒ
它们是祖国不可分割的部分。现在，我
guó yǒu ge zì zhì qū tā men shì nèi měng gǔ zì zhì qū
国有5个自治区，它们是内蒙古自治区、
níng xià huí zú zì zhì qū xīn jiāng wéi wú ěr zì zhì qū xī
宁夏回族自治区、新疆维吾尔自治区、西
zàng zì zhì qū hé guǎng xī zhuàng zú zì zhì qū
藏自治区和广西壮族自治区。

枸杞是宁夏三宝之一。

内蒙古自治区

内蒙古自治区位于中国的北部，省城（省会）是呼和浩特。整个自治区是狭长形的，横跨东北、华北、西北三大区。全区的土地总面积约118万平方千米，在全国各省、市、自治区中名列第三位。这里有著名的呼伦贝尔大草原，同时蕴藏着丰富的煤、铁和稀土等矿产资源。

宁夏回族自治区

宁夏回族自治区位于中国西北部，在黄河的中上游，省城（省会）是银川。全区的轮廓南北长、东西短，面积为6万多平方千米，是我国面积最小的省区之一。宁夏有许多文物古迹，它还是我国重要的奶牛和肉牛生产基地之一。

· 奥秘大公开 ·

宁夏三宝

宁夏回族自治区有3种著名的特产，它们是枸杞、贺兰石和滩羊皮。枸杞为红色，是一种名贵中药；贺兰石是蓝色的，主要用来制作砚台；滩羊皮是白色的，是一种名贵裘皮。这三种特产被称为“红、蓝、白三宝”。

银川海宝塔是宁夏的著名古迹。

新疆维吾尔自治区

新疆维吾尔自治区位于中国的西北部，省城（省会）是乌鲁木齐。全区的面积有 160 万平方千米，约占全国总面积的 1/6，是我国面积最大的省区。这里居住着许多民族，并且盛产瓜果，有“歌舞之乡”和“瓜果之乡”的美称。

新疆吐鲁番出产的葡萄种类很多，世界闻名。

西藏的藏族人民大多信奉藏传佛教。

桂林山水

西藏自治区

西藏自治区位于祖国的西南边疆，省城（省会）是拉萨。全区面积约 122 万平方千米，约占全国总面积的 1/8，是中国第二大省区。这里是一片有许多山峰、湖泊、河流的雪域高原，它的神秘气息吸引着来自四面八方的人们。

桂林山水神奇、秀美，自古就有“桂林山水甲天下”的美誉。

广西壮族自治区

广西壮族自治区位于祖国的南部，省城（省会）是南宁。全区总面积有 23 万多平方千米。这里是著名的旅游胜地，如美丽的桂林山水、迷人的海滨风光，还有浓郁的少数民族风情等，每年都吸引着许多游客前来游玩。

北京的胡同

zhí xiá shì
直辖市

zhí xiá shì shì zhǐ yóu zhōng yāng zhí jiē guǎn xiá de dà chéng
直辖市是指由中央直接管辖的大城
shì tā de jí bié hé shěng shì xiāng tóng de xiàn zài wǒ guó
市，它的级别和省是相同的。现在，我国
yǒu ge zhí xiá shì tā men shì běi jīng shì tiān jīn shì shàng hǎi
有4个直辖市，它们是北京市、天津市、上海
shì hé chóng qìng shì
市和重庆市。

北京市

北京市是中华人民共和国的首都，是全国各族人民向往的地方。它位于我国的北部，是一座著名的历史文化名城。这里有长城、故宫、颐和园等风景名胜，还有烤鸭等特色美食。2008年，夏季奥运会在这里举办，吸引了世界各地的人们来到这里。

北京是一座现代化的大都市。

天津自古以来就是北京的门户。

天津市

天津市是首都北京的邻居，有“渤海明珠”的美称。它不仅是我国北方最大的沿海城市，也是海上通往北京的咽喉要道。在这里，你不仅可以品尝到“狗不理”包子、“十八街”麻花和“耳朵眼”炸糕等风味小吃，还能欣赏到“泥人张”捏泥人等民间技艺。

上海东方明珠电视塔

上海市

上海市是我国的第一大城市，同时也是一座著名的国际化大都市。在上海，现代化的高楼大厦、美丽的东方明珠塔、壮观的杨浦大桥等许多迷人的城市风景吸引了一批又一批的中外游客。到了晚上，这里到处是闪烁的霓虹灯，繁华的大上海又成了一座“不夜城”。

重庆市

重庆市一面靠山，三面临江，是一座举世闻名的“山城”。它在 1997 年被设为直辖市，成为我国继北京、天津、上海之后的第四个直辖市，也是最“年轻”的直辖市。

· 奥秘大公开 ·

中华第一高楼

上海金茂大厦高达 420.5 米，被誉为“中华第一高楼”。大厦的主要建筑是八角形的，里面包括现代办公楼、五星级酒店、大型商场等，还有许多供人们观景和娱乐的设施，是现在上海最方便、最舒适的办公、商贸、娱乐和餐饮场所。

重庆是座著名的山城。

上海是一个国际大都市，被誉为“东方巴黎”

píng yuán hé qiū líng

平原和丘陵

píng yuán zhǐ qǐ fú hěn xiǎo hǎi bá jiào dī de guǎng dà píng dì qiū líng zhǐ lián mián chéng piàn de xiǎo shān wǒ guó de píng yuán yǒu dōng běi píng yuán huá běi píng yuán hé cháng jiāng zhōng xià yóu píng yuán děng qiū líng yǒu jiāng nán qiū líng liǎng guǎng qiū líng liáo dōng qiū líng shān dōng qiū líng děng

平原指起伏很小、海拔较低的广大平地，丘陵指连绵成片的小山。我国的平原有东北平原、华北平原和长江中下游平原等，丘陵有江南丘陵、两广丘陵、辽东丘陵、山东丘陵等。

水稻是东北平原主要出产的农作物之一。

东北平原

东北平原由三部分组成，北部是松嫩平原，南部是辽河平原，东北部是三江平原，面积约有35万平方千米，是中国面积最大的平原。东北平原有大面积肥沃的黑土，水稻、玉米、大豆等农作物的产量都非常高，所以这里又有“北大仓”的美称。

白洋淀是华北平原最大的淡水湖，这里不仅物产丰富，而且风景优美。

东北平原的面积非常广阔。

华北平原

华北平原总面积约有30万平方千米，是中国第二大平原。华北平原地势平坦，一望无际，是我国著名的粮食和棉花产地。这里人口多，资源丰富，经济也比较发达。首都北京位于大平原的北部，天津、济南等一些重要的城市也都分布在这里。

长江中下游平原河流和湖泊很多，人们沿着河湖建造了许多具有江南特色的小镇。

长江中下游平原

长江中下游平原面积约20多万平方千米。这里土壤深厚、肥沃，是重要的粮、棉、油生产基地，也是我国经济最发达的地区之一。长江中下游平原还是中国湖泊最多的地方，水产品非常丰富，被称为“鱼米之乡”。

·奥秘大公开·

平原是怎么形成的

河流能够冲刷、填平陆地的表面，而且力量很大。它一方面不断地使自己的河道加宽，一方面把大量的泥沙堆积在两岸。这些泥沙经过许多年不断的堆积，最后形成了平坦广阔的平原。

两广丘陵上的广西壮族自治区境内盛产菠萝。

丘陵

我国的丘陵面积约有100万平方千米，占全国总面积的1/10左右。其中江南丘陵盛产水稻、油菜、柑橘、茶叶等；两广丘陵包括广东和广西两个省区，这里一年四季植物茂盛，景色非常优美。

丘陵地区的梯田

位于青藏高原上的江孜八角亭塔

gāo yuán
高原

gāo yuán shì zhǐ hǎi bá bǐ jiào gāo miàn jī bǐ jiào
高原是指海拔比较高、面积比较
dà qǐ fú bǐ jiào xiǎo de dà piàn gāo dì bèi rén men chēng
大、起伏比较小的大片高地，被人们称
wéi dà dì de wǔ tái tā bǐ píng yuán yào gāo chū xǔ
为“大地的舞台”。它比平原要高出许
duō dàn biǎo miàn yòu bǐ shān dì de qǐ fú xiǎo wǒ guó de
多，但表面又比山地的起伏小。我国的
gāo yuán bāo kuò qīng zàng gāo yuán nèi měng gǔ gāo yuán huáng
高原包括青藏高原、内蒙古高原、黄
tǔ gāo yuán hé yún guì gāo yuán
土高原和云贵高原。

青藏高原

青藏高原总面积约240万平方千米，约占中国陆地总面积的1/4，是中国最大的高原。它的平均海拔在4000米以上，是世界上最高的高原，有“世界屋脊”和“地球第三极”的称号。世界最高峰珠穆朗玛峰就位于青藏高原上。

青藏高原上的喜马拉雅山全年都被白雪覆盖着。

在内蒙古高原上，马是人们的“第二生命”。

内蒙古高原

内蒙古高原位于中国的北部，面积100多万平方千米，是我国第二大高原。内蒙古高原地面起伏很小，比较平坦。这里有一望无际的大草原，是中国最主要的畜牧业基地。

陕北黄土高原

云贵高原

云贵高原是中国的四大高原之一，由云南高原和贵州高原两部分组成。云贵高原上有许多天然形成的岩洞、峡谷、石林、河湖等美景，是著名的旅游胜地。

云贵高原上的侗族建筑

·奥秘大公开·

会"说话"的沙子

在黄土高原上的甘肃省敦煌市城南，有一座奇特的沙山，叫做"鸣沙山"。当人们从山顶往下滑时，沙子就会跟你"说话"，发出一阵阵好听的声响。后来，人们把这种沙子发出声响的现象叫做"鸣沙现象"。

黄土高原

黄土高原面积约40万平方千米，高原上覆盖着厚厚的黄土层，最厚的地方有180米，最薄的地方也有50米，是世界最大的黄土堆积区。黄土高原矿产丰富，煤、石油、铝土储量很大。

窑洞是黄土高原特有的一种民居形式。

在准噶尔盆地东南部的沙漠地带，有许多色彩鲜艳的岩石，人们把这里叫做“五彩湾”。

pén dì

盆地

在中国，还有一种地形，它四周高、中间低，形状就像我们平时用的脸盆，人们把这种地形叫做盆地。我国有著名的四大盆地，分别是塔里木盆地、准噶尔盆地、柴达木盆地和四川盆地。

塔克拉玛干沙漠约占中国沙漠总面积的一半。

塔里木盆地

塔里木盆地在新疆维吾尔自治区的南部，面积约53万平方千米，是中国最大的内陆盆地。盆地中间的塔克拉玛干沙漠是中国最大的沙漠，北面的塔里木河是中国最长的内陆河。这里还蕴藏着丰富的石油、天然气等矿产资源，是一个大宝库。

准噶尔盆地景观

准噶尔盆地

准噶尔盆地在新疆维吾尔自治区的北部，形状像一个三角形，面积约38万平方千米，是中国第二大盆地。盆地的四周和山脚有很多绿洲，人们在这里种植春小麦、玉米、棉花、甜菜等农作物。

四川盆地

柴达木盆地

柴达木盆地位于青藏高原北部的边缘，是中国四大盆地里海拔最高的盆地。这个盆地矿产资源十分丰富，主要有石棉、铅、锌、石油、盐矿等，被人们形象地叫做“聚宝盆”。

·奥秘大公开·

大熊猫的家园

在四川盆地的西部有一个卧龙自然保护区，是世界上最大的大熊猫栖息和繁殖地。保护区里的自然风光非常优美，这里有大片的原始森林，其中的箭竹是大熊猫的主要食物。我们这些可爱的国宝就在这里自由自在地生活。

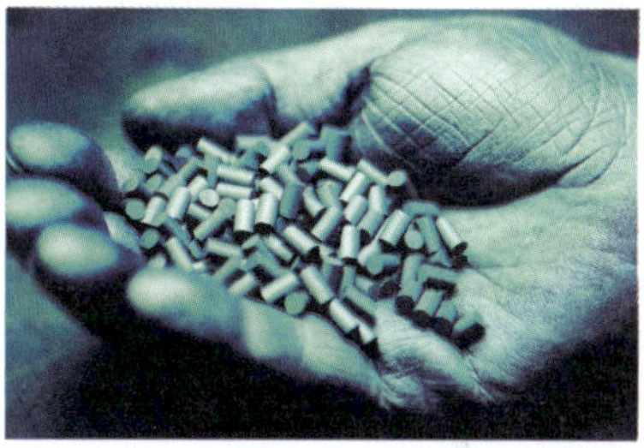

柴达木盆地蕴藏着丰富的矿产资源。

四川盆地

四川盆地位于四川省的东部，它静静地躺在四周紧紧相连的山脉的怀抱里，是中国各大盆地中形态最典型的盆地，也是中国海拔最低的盆地。因为盆地里分布着好多红色的砂、页岩，所以又叫“红色盆地”。

dǎo yǔ hé bàn dǎo
岛屿和半岛

dǎo yǔ jiù shì hǎi yáng hé liú huò zhě hú pō lǐ mian de lù dì tā men de sì
岛屿就是海洋、河流或者湖泊里面的陆地，它们的四
miàn bā fāng dōu bèi shuǐ bāo wéi zhe bàn dǎo jiù shì sān miàn bèi shuǐ bāo wéi yī miàn lián
面八方都被水包围着。半岛就是三面被水包围、一面连
zhe lù dì de dì mào tā men kàn shàng qù xiàng yī bǎ jiān dāo shì de shēn rù hǎi yáng huò
着陆地的地貌，它们看上去像一把尖刀似的伸入海洋或
hú pō li
湖泊里。

台湾岛

台湾岛位于祖国大陆的东南方，是中国的第一大岛。岛上蕴藏着丰富的煤、石油、金等矿产，是我国的“宝岛”。另外，它还有“米仓”“糖库”等美称。台湾岛景色秀丽，阿里山、日月潭是著名的风景区。

台湾建立了许多自然保护区来保护珍贵的生物资源。

海南岛

海南岛又叫琼岛，是我国的第二大岛。它像一只大雪梨，横卧在广阔无垠的大海上。海南岛是一个美丽富饶的地方，这里四季常青，盛产橡胶、咖啡、可可、椰子等，还拥有丰富的地下宝藏，如铁矿和水晶矿等。

天涯海角是海南岛最负盛名的旅游胜地。

位于海洋中的小岛

山东半岛

山东半岛也叫胶东半岛，位于山东省东部，是中国第一大半岛。沿海盛产鱼和盐，并且有许多优良的港湾，例如烟台、威海、青岛等。半岛上出产的农产品主要有玉米、小麦、高粱、花生和甘薯。

山东半岛沿海海产品非常丰富。

·奥秘大公开·

来去无踪的小岛

1933年4月，法国考察船“拉纳桑”号在中国南海进行水文测量。突然，船员们发现在前不久刚刚航行过的航道上竟然出现了一座无名小岛。可是，半个月以后，当他们又一次来到这里的时候，那个小岛却又怎么也找不到了。

辽东半岛

辽东半岛位于辽宁省的南部，是中国第二大半岛。半岛上冬暖夏凉，是夏季避暑的好地方。这里还是重要的水果产地，出产苹果、梨、桃、山楂等。著名的海港有大连、营口、旅顺等。

旅顺位于辽东半岛的最南端，是一个整年都不结冰的优良海港。

位于渤海和黄海交界处附近的蓬莱岛风景优美，有“仙境”的美称。

hǎi yáng
海洋

wǒ men dōu zhī dào dì qiú shì yī ge měi lì
我们都知道地球是一个美丽
de xīng qiú bèi chēng wéi lán sè xīng qiú zhè shì
的星球，被称为“蓝色星球”，这是
yīn wèi tā de biǎo miàn dà yuē yǒu bèi hǎi yáng fù gài
因为它的表面大约有 2/3 被海洋覆盖
zhe wǒ guó yě yōng yǒu miàn jī guǎng dà de hǎi yáng bāo kuò
着。我国也拥有面积广大的海洋，包括
bó hǎi huáng hǎi dōng hǎi hé nán hǎi
渤海、黄海、东海和南海。

渤海

渤海的北面、西面和南面被陆地抱在怀里，只有东面有一个出口，是四个海洋中面积最小的一个。许多河流源源不断地给渤海注入水的同时，也给它带来了大量的泥沙，使它成为中国最浑浊的海。但渤海海区的石油和天然气却很丰富，是一个资源宝库。

人们在海边自由地嬉戏。

黄海

黄海

大家都知道海洋是蓝色的，但是到了黄海你就会看到另一种颜色的海。越靠近陆地，海水的的蓝色就显得越浅，并且渐渐地变成黄绿色甚至浅黄色，黄海的名字也因此而来。黄海海区也蕴藏着丰富的石油和矿藏。

章鱼

东海上的岛屿很多。

东海

东海地区是地震非常活跃的地区，这里有我国最大的群岛——舟山群岛。另外，东海的舟山渔场是中国最大的渔场，盛产大黄鱼、小黄鱼、刀鱼、墨鱼等。

鲨鱼

南海

南海位于我国的最南面，面积约350万平方千米，几乎是渤海、黄海、东海面积总和的3倍，是我国最大的海。南海水产丰富，盛产大黄鱼、小黄鱼、带鱼、海龟、红鱼等。这里的鱼类很少游到外国的海域去，似乎舍不得离开自己的家乡，所以有“中国家鱼”的美称。

·奥秘大公开·

南海“魔鬼三角”

在南海，有一片三角形海域，这里整年都风平浪静，但却常常有一些轮船在这里神秘失踪。当救援的人到达出事地点时，海面上却又非常安静，好像什么事情都没发生过，那些失踪的船和船员也一个都找不到。人们把这片恐怖的海区叫做“魔鬼三角”。

美丽的海岛风光

河流

中国有许多大江大河，是世界上河流最多的国家之一。其中有注入海洋的外流河，也有与海洋不相沟通的内流河。长江、黄河、雅鲁藏布江、松花江等都是我国著名的河流。

长江三峡之一——巫峡

黄河壶口瀑布

长江

长江发源于青藏高原唐古拉山脉主峰各拉丹冬，流经 11 个省、市、自治区，最后在上海注入东海。它全长 6300 千米，是中国第一大河，在世界大河中居第三位。

黄河

黄河从青海省的巴颜喀拉山脉流出来，经过了青海、四川、甘肃、宁夏、内蒙古、陕西、山西、河南、山东 9 个省、区，最后投入渤海的怀抱。它全长 5500 千米，是中国第二长河，也是中华民族的母亲河。

·奥秘大公开·

"水往高处流"

你听说过"水往高处流"吗？在我国的新疆维吾尔自治区，就有一条叫什克的小河，它居然从低洼的地方，沿着山坡向上流去，最后像蛇一样爬上了一个高十几米的小山。河水在山上转了两圈后，才顺着山坡缓缓向下游去。

雅鲁藏布江

雅鲁藏布江从青藏高原的南部流过，是西藏自治区最大的河流。它还是一条在地上流着的“天河”，河底的高度一般都在海拔 3000 米以上，是世界上海拔最高的大河。它流过的地方有许多大城市，如拉萨、日喀则等。

雅鲁藏布江大拐弯处

松花江

松花江位于中国的东北地区，它流过的地方土地肥沃，盛产小麦、玉米、高粱、大豆，是我国北方的“粮仓”。松花江沿岸的主要港口有哈尔滨、佳木斯、齐齐哈尔等。

· 奇妙大看台 ·

最长的人工河

人工河又叫“运河”，是靠人的力量挖出的河流。世界上最长的人工河是中国的京杭运河。它北起北京，向南到浙江省杭州市，经过北京、河北、天津、山东、江苏、浙江 6 个省市，全长 1747 千米。

京杭运河

景色秀丽的松花江畔

黄山气候宜人，是得天独厚的避暑胜地。

zhōng huá míng shān

中华名山

黄山

wǒ men guó jiā yǒu hěn duō shān yǒu de shān xiàng gāo dà wēi
我们国家有很多山，有的山像高大威
měng de yǒng shì fēi cháng zhuàng guān yǒu de shān xiàng niǎo nuó duō
猛的勇士，非常壮观；有的山像袅娜多
zī de nǚ zǐ shí fēn xiù lì zhè xiē shān qiān zī bǎi tài
姿的女子，十分秀丽。这些山千姿百态，
xī yǐn zhe rén men lái yóu wán guān shǎng
吸引着人们来游玩观赏。

庐山

庐山位于江西省北部，以雄、奇、险、秀闻名于世。这里山峰林立，而且长年云雾缭绕，烟雨弥漫，形成了一种神奇莫测的自然景观。庐山还是个避暑的好地方，吸引着许多国内外的游客。

庐山著名景点——含鄱口

黄山

黄山位于安徽省南部，以奇松、怪石、云海、温泉这“四绝”而闻名世界，有“天下第一奇山”的称号。黄山的迎客松、猴子观海等自然景观吸引着很多游人来游览，是我国最著名的山岳风景区之一。

·奥秘大公开·

苏轼作诗赞庐山

苏轼是我国北宋时期著名的文学家、书画家，他游览庐山时被它变幻多姿的景色吸引，写下了一首流传至今的诗歌《题西林壁》：“横看成岭侧成峰，远近高低各不同。不识庐山真面目，只缘身在此山中。”

武夷山

武夷山位于福建省西北部，这里有独特、稀有的自然景观，被誉为“秀甲东南”，其中著名的景观有天游峰、九曲溪、大红袍等。这里物种资源丰富，是一些珍稀、濒危动植物的“天然避难所”。

长白瀑布位于天池北侧，瀑布口有一块巨石叫“牛郎渡”，它把瀑布分成两股，非常壮观。

武夷山的种子植物的数量在中亚热带地区位居前列。

中国有许多名山，吸引着人们攀登游览。

长白山

长白山位于吉林省东南部，是一座休眠火山，历史上曾经喷发过许多次，形成了神奇秀丽、巍峨壮观的独特美景。这里还有一望无际的林海，以及栖息在里面的珍禽异兽。长白山最著名的景点是天池。

长白山天池

东北、内蒙古地区民俗

在广袤的东北平原和茫茫的内蒙古大草原上，除了汉族外，还生活着蒙古族、满族、回族、达斡尔族、朝鲜族等许多少数民族。他们有各自独具特色的风俗习惯和民族风情。

草原上的牧民

摔跤

那达慕大会

那达慕大会是蒙古族的草原盛会，在每年的夏秋季牧闲时举行。大会上有摔跤、赛马、射箭、舞蹈等活动，后来又增添了一些新内容，如田径、球类比赛、文艺演出等，是蒙古族人民喜爱的盛会。

身穿节日盛装的朝鲜族姑娘

燃灯节

燃灯节是朝鲜族的传统节日，在每年的阴历四月初八举行。人们用柞木烧成木炭，压成粉末，掺入盐，然后用纸包成香肠的形状，外面再缠上细草绳。到了晚上，人们把它绑在长杆上点着，就会放出耀眼的火花，还"噼里啪啦"地响个不停。

鹿茸药用价值高，被东北地区的人们称为一“宝”。

旗袍

旗袍是满族妇女穿的一种很富有民族风情的服装，主要特点是立领、右大襟、紧腰身、下摆开衩等。因为满族被称为“旗人”，所以人们把她们穿的这种服装称为“旗袍”。经过现代设计的旗袍，穿起来端庄典雅，成为整个中华民族的代表服装。

· 奥秘大公开 ·

“八旗”制度

八旗制度是满族杰出首领努尔哈赤建立的一种战时制度，最初只建立了黄、白、红、蓝四旗，称为正黄、正白、正红、正蓝，后来在原有的四旗之外，又增设了镶黄、镶白、镶红、镶蓝四旗，总共八旗。

旗袍

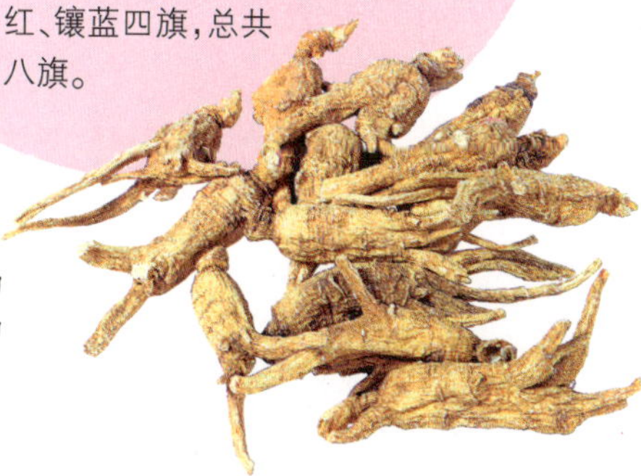

东北地区除了具有独特的民族风情外，还产贵重的中药材——人参。

达斡尔族人的曲棍球比赛

“波依阔”

“波依阔”就是我们平时说的曲棍球，它是达斡尔族的传统体育运动，深受达斡尔族人的喜爱。每逢新春、中秋等节日，或在其他一些喜庆的日子，达斡尔族青年组成两队，每队设一个营门，双方进行曲棍球比赛。

xī běi dì qū mín sú
西北地区民俗

塔吉克族妇女和儿童

xī běi mín zú dì qū wèi yú zǔ guó de xī běi biān jiāng zhè li shēng huó
西北民族地区位于祖国的西北边疆，这里生活
zhe duō ge shǎo shù mín zú shì wéi wú ěr zú hā sà kè zú dōng xiāng
着40多个少数民族，是维吾尔族、哈萨克族、东乡
zú kē ěr kè zī zú tǎ jí kè zú wū zī bié kè zú bǎo ān zú děng
族、柯尔克孜族、塔吉克族、乌孜别克族、保安族等
mín zú zuì zhǔ yào de fēn bù dì qū
民族最主要的分布地区。

· 奥秘大公开 ·

唱出“花儿”

“花儿”又名“少年”，别称“野曲儿”，是流传于西北地区的一种山歌，回族、东乡族等族的人们都喜欢唱“花儿”。它反映生活、爱情、劳动等内容，唱起来高亢、悠长、爽朗，具有鲜明的民族风格和地方特色，被人们称为“西北之魂”。

“吃平伙”

“吃平伙”是保留在东乡族男人中间的一种习俗。在农闲时，一些人凑在一起，选一只肥羊，在羊主人家把羊宰了放在锅里煮，然后在肉汤里揪面片吃，接着再把煮熟的羊肉分成若干份，每人一份，最后大家摊钱给主人。

“吃平伙”时要把整只羊放在锅里煮，把杂碎等放在上面蒸熟。

那吾热孜节

每年的阳历3月22日前后是那吾热孜节，这是哈萨克族的传统节日。节日期间，人们穿着鲜艳的民族服装，走街串巷，相互拜访。用肉、大米、小麦、大麦、奶疙瘩等混合煮成的“那吾热孜饭”是节日里的主要食品。

柯尔克孜族世代过着游牧生活

古尔邦节

古尔邦节的时间在伊斯兰教历的十二月十日，是我国维吾尔、乌孜别克、塔吉克等少数民族共同的节日。过节前，家家户户都把房舍打扫得干干净净，忙着精制节日糕点。维吾尔族在广场上举行盛大的歌舞集会，乌孜别克、塔吉克等族还举行叼羊、赛马、摔跤等比赛活动。

维吾尔族女孩

坎儿井

能歌善舞的塔吉克族人

坎儿井

坎儿井是新疆特有的一种结构巧妙的灌溉系统，与万里长城、京杭大运河并称为中国古代三大工程。它由竖井、暗渠、明渠和一个小型的蓄水池四部分组成。竖井是挖掘、修理坎儿井时用的，暗渠和明渠连接着，可以把几十米深处的地下水引到地面上来。

苏公塔位于新疆吐鲁番，是维吾尔族建筑艺术的精华。

土家族女子

土家族摆手舞

中南、东南地区民俗

这个地区包括广东省、湖南省、湖北省、浙江省、广西壮族自治区和海南省等地，共有壮族、土家族、瑶族、黎族、苗族、侗族、京族等40多个民族。

摆手舞

摆手舞，也叫摆手歌，是土家族同胞的一种集体性民俗舞蹈活动。因为动作大多以摆手为主，所以得名摆手舞。它分为大摆手和小摆手，大摆手主要表演气势磅礴的战争场面，小摆手主要表现人们日常的生产生活。

·奥秘大公开·

土家族“过赶年”

每年的腊月二十九或二十八，土家族人民都要“过赶年”。“过赶年”的晚上，村寨里点起一堆大火，男女老少围着火堆唱歌跳舞，别有一番情调。

歌圩

歌圩是壮族传统的歌节盛会，一般在每年农历三月初三举行。在节日里，方圆几十里的男女老少都穿着鲜艳的服装赶到一起，人山人海，热闹非凡。人们唱的歌有很多种，包括求歌、对歌、情歌、离别歌等，一时间成了歌的海洋。

壮族是我国少数民族中人口最多的一个民族。

侗族主要分布在湖南、广西等省区相邻的地方，侗族人擅长制造木石建筑、鼓楼和桥梁。

瑶族少女

盘王节

盘王节在农历十月十六日，是瑶族人民纪念祖先的盛大节日。节日里的活动以唱盘王歌和跳长鼓舞为主，四个男青年拿着鼓跳舞，四个女青年唱盘王歌助兴。当舞跳到精彩的时候，男女青年就在一起放声歌唱，气氛十分热烈。

"三月三"是黎族人民纪念祖先、追求爱情的传统节日。

四月八

"四月八"是苗族的传统节日，在农历四月初八。节日里，苗族人都穿着盛装聚在贵州省贵阳市喷水池一带，吹奏乐器，对歌谈心，以纪念传说中的古代英雄亚努。

西南地区民俗

xī nán dì qū mín sú

西南地区指的是云南省、贵州省和四川省等地，这里居住着傣族、景颇族、彝族、白族、哈尼族等30多个民族。这里独特的高原和边疆风光蕴育了特有的民族风情。

xī nán dì qū zhǐ de shì yún nán shěng guì zhōu shěng hé sì chuān shěng děng dì, zhè li jū zhù zhe dǎi zú jǐng pō zú yí zú bái zú hā ní zú děng duō ge mín zú. zhè li dú tè de gāo yuán hé biān jiāng fēng guāng yùn yù le tè yǒu de mín zú fēng qíng.

云南彝族火把节

火把节仪式

舞“火把”

火把节是我国彝族、白族等族人民的传统节日，一般在农历六月二十四日前后。节日的晚上，男女老少各拿一个点着的火把跑到山岗田间，舞火嬉戏。然后，人们围着一堆篝火欢快地唱歌跳舞。

云南傣族泼水节

互相“泼水”

泼水节是傣族的新年，是他们一年中最盛大的传统节日，时间在农历四月中旬。节日清晨，傣族男女老少穿上节日盛装，用清水互相泼洒，表达美好的祝福。然后，人们还会举办赛龙舟、拜佛等活动。

景颇族的舞蹈

“目脑”纵歌

目脑是景颇语“大伙跳舞”的意思，目脑节是景颇族的传统节日，在农历正月十五后九天之内举行。节日里，人们从四面八方聚集到举行目脑活动的广场。广场中心竖起两根目脑柱，人们围着目脑柱唱歌跳舞，一派欢乐的景象。

·奥秘大公开·

有趣的“树叶信”

景颇族创造了一种以物体名称的谐音代替字音的“树叶信”，十分有趣。如：家人思念亲友，就会托人送去一截树根。树根在景颇语里的语音是“省明”，和景颇语里的“思念”同音。

景颇族目脑节场面

“矻扎扎”祭神

每年农历六月二十四日前后，是哈尼族同胞的传统节日——矻扎扎节。矻扎扎节一般要过3~6天。第一天，当第一声鸡叫的时候，家家户户就要去水井挑水，为的是求吉利。第二天，所有人聚集到一个地方，举行隆重的祭祀天神的大典。以后的几天是通宵达旦地唱歌跳舞。

哈尼族的矻扎扎节

穿着节日盛装的哈尼族女子

万里长城

cháng chéng
长城

cháng chéng shì wǒ guó gǔ dài xiū zhù de yī xiàng páng dà
长城是我国古代修筑的一项庞大
de jūn shì fáng yù gōng chéng yě shì shì jiè shang xiū jiàn shí jiān
的军事防御工程，也是世界上修建时间
zuì cháng zuì hào dà de gōng chéng tā quán cháng duō qiān
最长、最浩大的工程。它全长6700多千
mǐ bèi chēng wéi wàn lǐ cháng chéng chōng fèn xiǎn shì le wǒ guó
米，被称为“万里长城”，充分显示了我国
gǔ dài láo dòng rén mín de jiān qiáng yì lì hé qín láo zhì huì
古代劳动人民的坚强毅力和勤劳智慧。

嘉峪关位于今甘肃省，是长城的西部终点，也是长城上最大的关隘(ài)。

悠久的修筑历史

公元前7世纪，当时的齐国最先开始修建长城。秦始皇统一中国后，为了防御外敌入侵，这才开始进行大规模修筑，构成了绵延万里的长城防御系统。以后各朝各代都曾经多次修建，我们现在看到的长城，大多是明代时修建的。

·奥秘大公开·

长城上的“无线电”

长城上的烽火台是用来传递军情的信号站。它们大都建在山顶或远处容易看到的地方，当遇到敌情时，白天燃烟，夜间点火，用来传送信号，可以说是一种最古老的“无线电”。

长城西起嘉峪关，东到鸭绿江，蜿蜒曲折。

八达岭长城

八达岭长城

八达岭长城位于北京延庆县境内，因为这里是守护北京的北大门，所以这段长城修筑得非常坚固。城墙很宽，墙顶可以容纳 5 匹马并行，或者 10 人并行。八达岭长城气势磅礴，好像一条巨龙奔腾飞舞在崇山峻岭之中。

完善的防御体系

长城由关隘、敌台、烽火台、连续的城墙等构成。关隘是长城沿线驻兵的地方；敌台是主要的战斗设施；烽火台是传递军情的建筑设施；连续的城墙是连接关隘、敌台、烽火台等的纽带，也是长城的主体。它们共同构成了一个完善的长城防御体系。

敌台一般为 2 ～ 3 层，上层可以观察敌情，进行射击；下层可以居住或储备物资。

司马台长城

司马台长城

司马台长城位于河北省滦平县与北京密云县交界处，以险要著称。它的东段有 16 个城楼，第 14 ～ 15 个城楼之间的长城称为“天梯”，第 15 ～ 16 个城楼之间的长城称为“天桥”，是最险要的两段。登过司马台长城，才更能领略长城的险要和修筑长城的艰难。

故宫

故宫是明清两代的皇宫，坐落在北京城的中轴线上。故宫有九千多间房子，是中国现存最大、最完整的古建筑群。

守卫着故宫的狮子

太和殿前有宽阔的平台，叫做丹陛，俗称月台。

太和殿

太和殿俗称金銮殿，位于故宫的中心位置，是古代皇帝举行盛大典礼的地方。它建在大约5米高的汉白玉台基上，殿内的装饰十分豪华。太和殿黄瓦红墙，在阳光的照射下显得金碧辉煌，是故宫最壮观的建筑。

故宫博物院

故宫全景

乾清宫内景

乾清宫

乾清宫是一座上嵌黄琉璃瓦的九间大殿，是明朝和清朝的许多皇帝居住的地方。后来这里也成了皇帝读书学习、批阅奏章、召见官员及接见外国使节的场所，一些典礼和家宴也在这里举行。

·奥秘大公开·

东华门门钉之谜

故宫东华门上的门钉数是双数，不符合皇宫门上的门钉是单数的规矩。有种说法是，明朝皇帝明思宗死在这儿，清朝灭掉明朝后重修东华门时，将门钉减去一行，意思是责怪大门没有保护好皇帝。

养心殿

养心殿是故宫里一个独立的院落，从雍正皇帝时到清朝末年，皇帝大都在这里居住和处理国家大事。慈禧太后当年就在这里垂帘听政。

故宫角楼

故宫博物院

故宫博物院是中国收藏文物最丰富的博物馆，里面包括青铜器馆、明清工艺美术馆、铭刻馆、文房四宝馆、珍宝馆、钟表馆等，收藏有大量古代艺术珍品，其中很多文物是绝无仅有的无价国宝。

颐和园全景

yí hé yuán
颐和园

颐和园内的德和园大戏楼

yí hé yuán wèi yú běi jīng xī jiāo zhǔ yào yóu kūn míng hú
颐和园位于北京西郊，主要由昆明湖
hé wàn shòu shān zǔ chéng yuán nèi jiàn yǒu tíng tái lóu gé
和万寿山组成。园内建有亭、台、楼、阁
děng sān qiān yú jiān jiàn zhù hái yǒu fó xiāng gé pái yún diàn shí
等三千余间建筑，还有佛香阁、排云殿、十
qī kǒng qiáo děng duō chù
七孔桥等多处
jǐng diǎn jǐng sè fēi cháng
景点，景色非常
yōu měi
优美。

苏州街又称买卖街，位于颐和园后湖的中心地带，全长约300米，设有60多处铺面。

·奥秘大公开·

“屋倒墙不塌”

颐和园的古建筑大多是木质结构。木材韧性很好，当遇到自然灾害时，能对整座房屋起到保护作用，以至于人们常用“屋倒墙不塌”来概括这种木质建筑的神奇特点。

昆明湖

昆明湖和密云水库连着，占到了整个颐和园面积的一半还多。它被西堤和一条短堤分成三块水域，分别筑有南湖岛、藻鉴堂和治镜阁三座小岛，象征着神话传说中海上的蓬莱、方丈、瀛洲三座仙山。昆明湖风光秀美，常常让人流连忘返。

十七孔桥

十七孔桥桥头有一只铜牛，神态生动，栩栩如生。

万寿山

万寿山在昆明湖的北面，处于颐和园的中心部位，荟萃了园内许多精美的建筑。山顶有佛香阁，山下有排云殿。站在山上，放眼望去，可以将全园的美景尽收眼底。

十七孔桥

十七孔桥坐落在宽阔的昆明湖上，它有17个桥洞，全长150米，是中国园林中最长的石桥。石桥飞跨于东堤和南湖岛之间，用来连接堤和岛。这座石桥两边栏杆上雕有500多个大小不同、形态各异的小石狮子。

佛香阁建在万寿山的前山上，是颐和园的标志性建筑。

·奇妙大看台·

园中之园

乾隆皇帝下江南时，看中了江苏无锡的寄畅园。回到北京后，他命人在颐和园中仿照它的样式建造了一座谐趣园。这座“园中之园”小巧玲珑，结构精巧，是我国北方最具江南园林特色的公园。

具有江南园林特色的公园

颐和园长廊

长廊

颐和园长廊位于昆明湖和万寿山之间，全长728米，中间建有象征四季的四座八角重檐的亭子。长廊中绘有4000多幅彩画，内容有花鸟、树石、山水、人物等，被称为“世界上最长的画廊”。

盘古顶天立地。

yuán shǐ shè huì
原始社会

人类一出现，原始社会也就产生了，这是人类社会发展的第一阶段。在距今170万年前，我们的祖先就已经生活在这块土地上。他们在与残酷的生存环境进行斗争的进程中，一步步摆脱了野蛮，迈向了文明。

女娲造人

这是原始人类进行挖掘用的工具，是用石头打制成的，叫做石器。

神话传说

中华民族原始社会阶段的历史和神话传说混杂在一起，盘古开天地、女娲造人、钻木取火、仓颉造字……一个个优美动人的神话传说，向人们讲述了中华民族逐渐步入文明的过程。

钻木取火

人类的进化

人类的进化是逐步完成的。170 万年前，元谋人学会了使用粗糙的石制工具。80 万~65 万年前，蓝田人制造的石器工具更加先进。70 万~20 万年前，北京人学会了保存火种的方法。到 1.8 万年前，山顶洞人在制造工具上学会了钻孔和磨制技术，而且其体质和现代人基本一致。

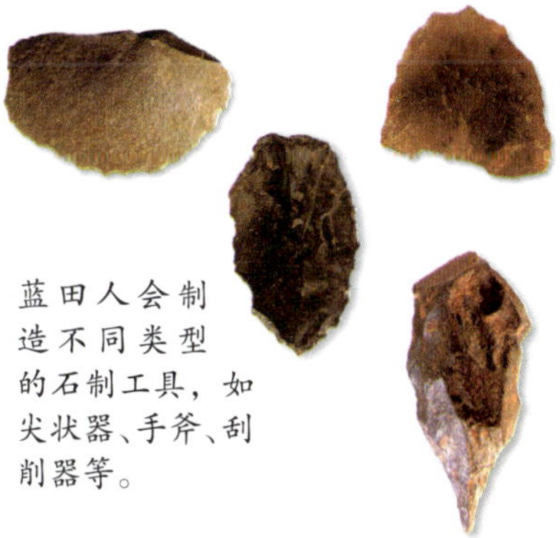

蓝田人会制造不同类型的石制工具，如尖状器、手斧、刮削器等。

黄帝在涿鹿之战中打败了蚩尤。

炎帝和黄帝

4000 多年前，黄河流域出现了两个部落，首领分别叫炎帝和黄帝。他们结成了炎黄部落联盟，一起打败了蚩（chī）尤，统一了中原，奠定了华夏民族的根基。炎帝和黄帝被尊称为我们华夏子孙的始祖。

·奥秘大公开·

大禹治水

传说禹为了治理洪水，不怕辛劳，到处奔波。他曾经三次路过自己的家门，但为了赶上治水的进度，他一次都没有回过家。洪水被制伏了，人们都称颂禹治水的功绩，尊称他为大禹。

尧将部落联盟首领的位了禅让给了贤能的舜。

尧、舜、禹

黄帝以后，先后出了三个有名的部落联盟首领，名叫尧、舜和禹。尧能团结族人，使他们和睦相处；舜是传说中的圣王，以孝行闻名；禹生活非常节俭，他最大的功绩是治理了泛滥的洪水。

传说在尧的时代，首次制定了历法。

商朝铸造的司母戊鼎是我国古代最大的青铜器。

nú lì shè huì
奴隶社会

gōng yuán qián shì jì yǔ de ér zi qǐ pò huài le shàn ràng zhì duó qǔ wáng wèi
公元前21世纪，禹的儿子启破坏了“禅让制”，夺取王位，
jiàn lì le xià cháo zì cǐ wǒ guó kāi shǐ cóng yuán shǐ shè huì guò dù dào děng jí sēn yán de
建立了夏朝。自此，我国开始从原始社会过渡到等级森严的
nú lì shè huì xià cháo miè wáng hòu zhōng guó yòu jīng lì le shāng cháo hé zhōu cháo
奴隶社会。夏朝灭亡后，中国又经历了商朝和周朝。

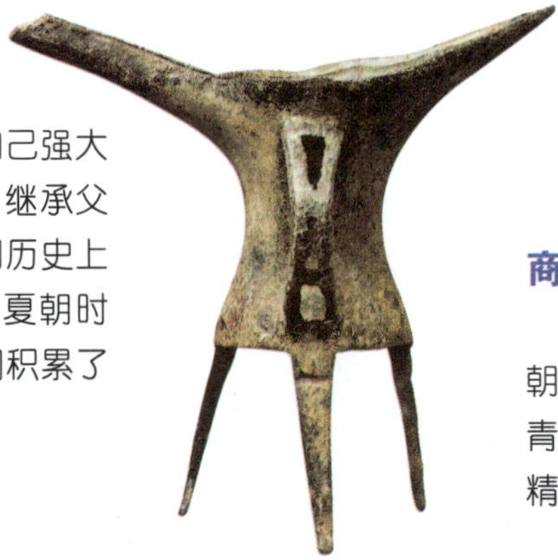

图中的夏代铜爵是中国历史上出现最早的青铜容器。

夏朝

禹死后，他的儿子启凭借自己强大的军事力量，破坏了“禅让制”，继承父位。他自称“夏后”，建立了中国历史上第一个奴隶制国家——夏朝。夏朝时期，社会得到了发展，同时人们积累了一些天文历法知识。

商朝

公元前17世纪末，汤带领军队攻打夏朝，夏朝很快灭亡，汤建立了商朝。商朝的青铜器制造业非常发达，给我们留下了许多精美的青铜器。目前发现的中国最早的文字——甲骨文也产生在商朝，中国也从此进入了有文字记载的时代。

夏启率兵征战，巩固了首领之位。

四羊方尊是商代最精美的青铜器之一。

编钟是周朝贵族举行祭祀等活动时使用的主要礼乐器。

西周

公元前 11 世纪，周武王姬发灭掉商朝，建立周朝，历史上叫做西周。周朝的国君励精图治，使国家渐渐强盛起来，出现了一派繁荣景象。

西周的农业很发达。图中的铜铲和铜斧就是用来进行农业耕种的工具。

春秋和战国

西周末年，周朝逐渐衰落。公元前 770 年，周朝把都城向东迁移，历史上称为东周。东周分为春秋和战国两个时期。这段时期出现了许多个诸侯国家，各国家之间相互混战，人民生活在水深火热之中。

春秋战国时期，诸侯争霸战争破坏了奴隶制的旧秩序，但新的封建制度也慢慢地建立起来了。

·奥秘大公开·

越王勾践的剑千年不锈

春秋时期越国国君勾践的宝剑，在地下深深地埋藏了 2400 多年，但它在 1965 年出土的时候，却仍然锋利无比，剑身上看不到一点儿锈斑，让人十分惊奇。

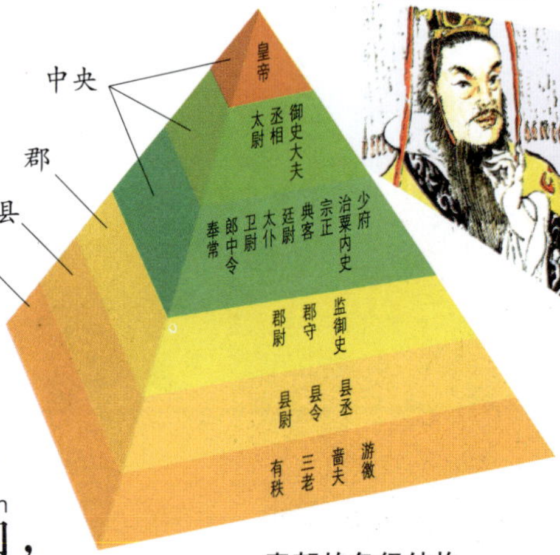

秦朝的各级结构

秦始皇嬴政

fēng jiàn shè huì 封建社会

公元前221年，秦王嬴政建立了中国历史上第一个封建王朝——秦朝。从此，我国开始了两千多年的封建统治时期。在此期间，中国经历了许多朝代，直到1911年封建社会彻底结束。

秦朝和汉朝

战国后期，秦国逐渐强大起来，在秦王嬴政的领导下消灭了当时的其他6个国家，建立了秦朝。秦朝是中国封建社会的第一个统一王朝。秦朝后期，统治非常残暴，刘邦领导军队推翻了它，建立了汉朝。汉朝包括西汉和东汉。

汉朝科技发达，东汉张衡发明了测定地震方位的仪器——地动仪。

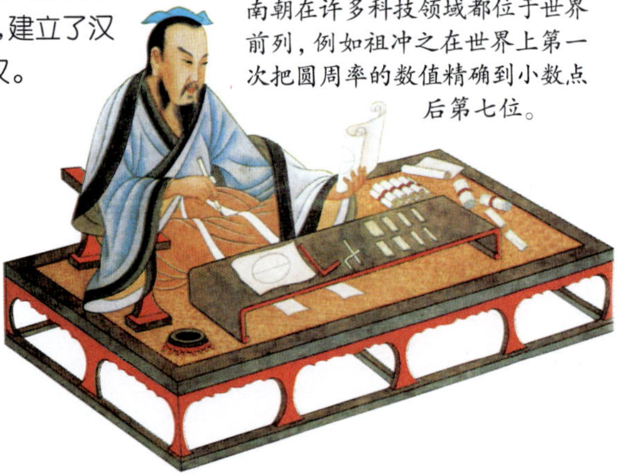
南朝在许多科技领域都位于世界前列，例如祖冲之在世界上第一次把圆周率的数值精确到小数点后第七位。

汉朝在外交方面取得了很大成就。图为汉武帝时派张骞出使西域的场景。

三国、两晋、南北朝

东汉以后，中国经历了长期的分裂和战乱，被称为大分裂时期，包括三国、两晋、南北朝。我们熟悉的刘备、关羽、张飞桃园三结义等故事就发生在三国时期。

唐朝和宋朝

经历了长期的分裂后，公元 618 年，李渊和他的儿子李世民统一了全国，建立了唐朝。唐朝是中国历史上最辉煌的一个王朝。这期间出现了中国历史上唯一的女皇帝武则天。公元 960 年，宋朝建立，开国皇帝是赵匡胤。宋朝分为南宋和北宋两个时期。

唐朝经济非常繁荣，陶瓷业也非常发达，最著名的是唐三彩。

元朝

1206 年，铁木真统一了蒙古各部落。1271 年，铁木真的孙子忽必烈建立元朝。1279 年，元灭掉了南宋。蒙古族依靠强大的军事力量，不仅统一了中国，还把它的控制范围扩张到现在的欧洲，成为中国有史以来疆域最大的王朝。

蒙古族人骁勇善战，弓马骑射样样精通。

·奥秘大公开·

是郑和发现了美洲吗

一般人都认为是欧洲人哥伦布第一次发现了美洲。但是，一个叫孟席斯的英国人在研究了一幅地图后，提出了世界上最早发现美洲的是中国明朝时的郑和。

明朝和清朝

1368 年，朱元璋领导起义军推翻元朝，建立明朝。明朝皇权高度集中，并建立了一些镇压和监视人民的特务机构。清朝是我国最后一个封建王朝，1616 年由努尔哈赤建立。明朝和清朝这两个朝代是中国封建社会逐渐走向衰落的时期，1911 年，清朝最后一个皇帝傅仪退位，清朝灭亡，封建社会结束。

sì dà fā míng
四大发明

zài màn cháng de lì shǐ zhōng wǒ men de zǔ xiān kào
在漫长的历史中，我们的祖先靠
zhe tā men de qín láo hé zhì huì jìn xíng le xǔ duō fā
着他们的勤劳和智慧，进行了许多发
míngchuàng zào wèi shì jiè zuò chū le jù dà gòng xiàn
明创造，为世界做出了巨大贡献。
qí zhōng chéng jiù zuì dà de jiù shì sì dà fā míng tā men
其中成就最大的就是四大发明，它们
shì zào zhǐ shù yìn shuā shù zhǐ nán zhēn hé huǒ yào
是造纸术、印刷术、指南针和火药。

造纸的过程示意图

造纸术

西汉时人们发明了麻质纤维纸，但这种纸太粗糙，成本也很高。东汉蔡伦改进了造纸术，用破布、旧渔网、树皮、麻头等作原料，制成了一种物美价廉的“蔡侯纸”。造纸术的发明为世界文化的传播做出了巨大的贡献。

蔡伦像

毕昇像

泥活字版示意模型

印刷术

北宋时，毕昇发明了活字印刷术。他用胶泥制成一个个小方块，在上面刻上字，再镶嵌到铁板上印刷。这种方法可以随意把方块上的字进行组合，印刷起来省时又省力。

·奥秘大公开·

印刷术西传之谜

印刷术是如何从我国传到西方的呢？有人认为，元朝初年，蒙古军远征时，把版画、纸牌、纸币一类印刷品传入欧洲的一些城市，从而对欧洲印刷术的产生带来了重要的影响。

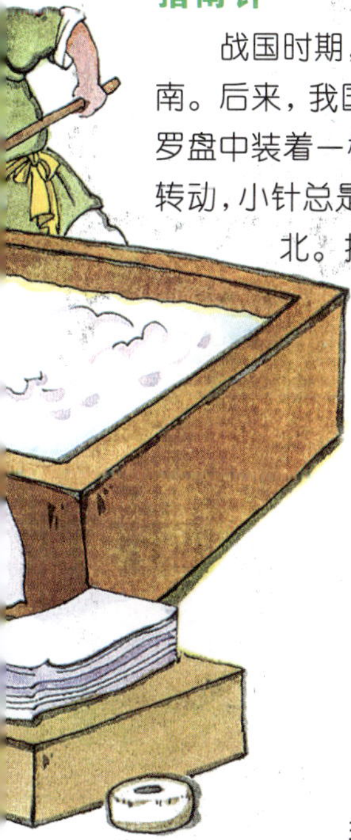

指南针

战国时期，中国人发明了最早的指示方向的仪器——司南。后来，我国人民又发明了指南针：在一个罗盘中装着一根小针，不管罗盘如何转动，小针总是一头指南，另一头指北。指南针成为海上航行时的重要仪器。

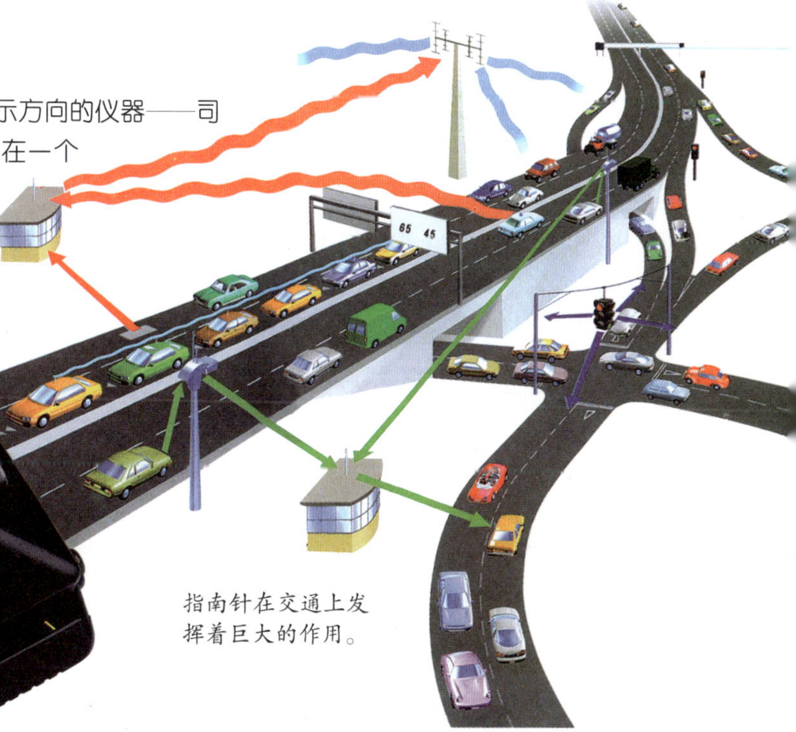

指南针在交通上发挥着巨大的作用。

现代的指南针

火药

火药是我国古代的炼丹家发明的，到现在已经有1000多年的历史了。炼丹家在炼制丹药的时候，发现用硫磺、硝石和木炭混合可以燃烧和爆炸。很快，人们就把火药用到了军事上，并且迅速传到了世界各地。

火药是硫磺、硝石、木炭按一定比例混合而成的，因为颜色是黑的，所以也叫“黑色火药”。

炼丹士在炼丹过程中使用易燃的硫磺、硝石、木炭等原料，稍有不慎，就会发生爆炸。

火药应用到现代战争中，威力更加强大。

毛笔

书法与篆刻

书法是中国特有的一种传统艺术，它用毛笔书写。经过漫长的发展，书法逐渐演变并定型为今天的篆书、隶书、楷书、草书、行书等。其中篆书由于方便刻印，所以常常被用来刻印章，这就是篆刻。

文房四宝

文房是指古代文人的书房，文房四宝一般指笔、墨、纸、砚四种物品。它们是人们在书写、绘画时不可缺少的工具和材料。

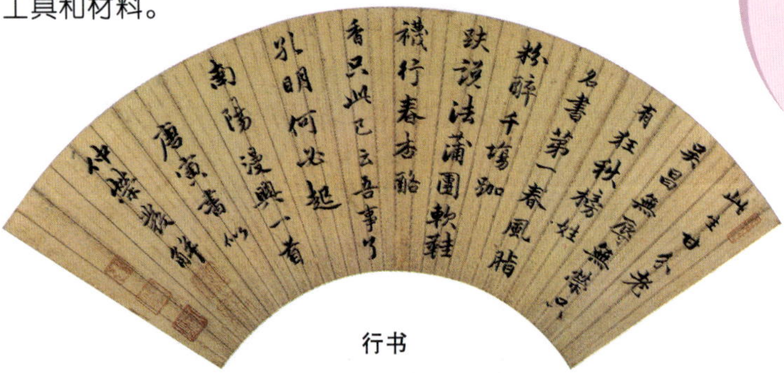

行书

· 奥秘大公开 ·

什么叫拓碑

在古代，人们把字刻在石头上，立起来让人们观看，这种石头叫做“碑”。因为碑上的字非常漂亮，于是就有人拓在纸上来学习，这就是“拓碑”。

字体

字体是指同一种文字的不同形体，汉字手写的字体主要有篆书、隶书、楷书、草书、行书等。其中，篆书的笔画粗细均匀，非常流畅；隶书的形态稍扁，横画和捺画的末尾稍稍挑起；一笔一画、端端正正的字叫楷书；结构简单、笔画相连的字是草书；而行书是介于楷书和草书之间的一种字体，比楷书潦草，比草书容易辨认。

草书

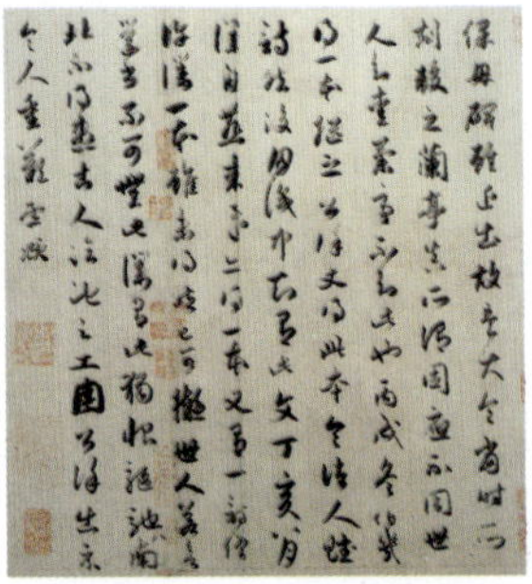

楷书

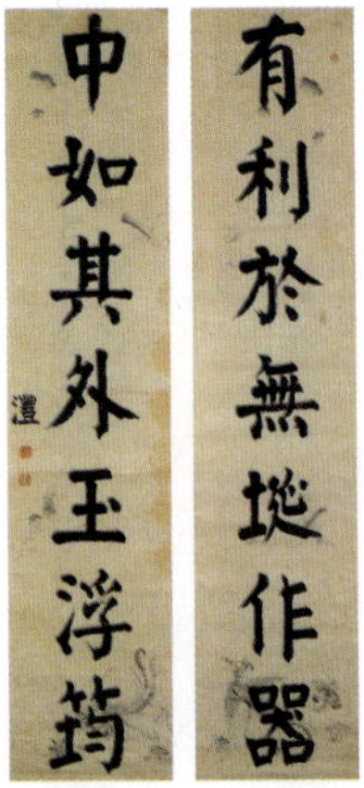

隶书

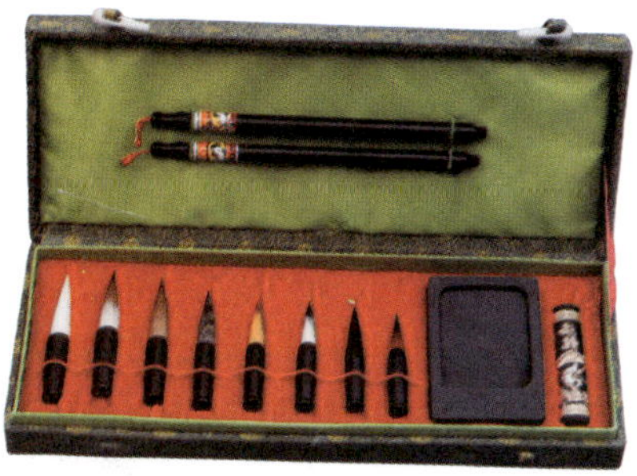

笔盒子

书法名家

中国的书法历史悠久，出现过许多有名的书法家，如王羲之、欧阳询、褚遂良、柳公权、颜真卿等，他们的书法作品到现在还是人们学习的范本。

王羲之

王羲之被誉为“书圣”，他的《兰亭序》是我国历史上著名的书法作品。

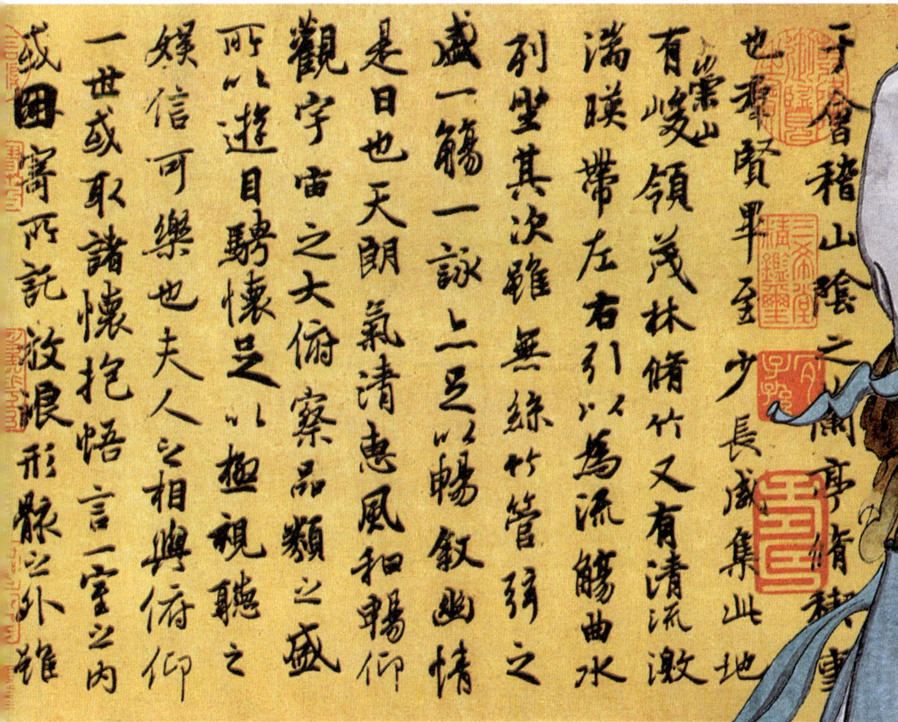

篆刻

秦印采用的小篆，笔画圆美。

印章里的字最初大都用的是篆书，所以把这种刻印章的艺术叫做“篆刻”。篆刻又称为“玺印”“印”或“印章”等，它把书法艺术等融入进去。在一个小小的刻章上，既能看到飘逸的书法，又能欣赏到优美的绘画。

国画

国画也叫“中国画”，它是中国独有的绘画形式，通常用毛笔、墨和国画颜料在特制的宣纸上作画。按照所画的内容，国画一般分为人物画、山水画和花鸟画。

清代黄慎的人物画

人物画

国画中，主要表现人物的画叫人物画。在人物画里，可以表现人物欢乐或悲伤的表情，或是复杂的动作，可以为我们身边的人画肖像，也可以画根本不存在的神仙鬼怪。

·奥秘大公开·

顾恺之妙笔画人像

顾恺之是我国古代有名的人物画家，一次他在给人画像时，总觉得没有画出神气。于是，他就在画中人的脸颊上又画了三根毫毛。这样，画里人物的神气就全部表现出来了。

山水画

山水画

国画中，主要画山水风景的画叫山水画。画山水画时，画家只画山水景色，不画人物。即使有时候需要画上人物，也是把人画得很小很小，像小豆子一样，作为山水的点缀。

元代画家赵孟頫擅长画人物画和山水画。

花鸟画

从名字上看，好像花鸟画只画花和鸟，实际上，瓜果蔬菜、树、石头、牛、昆虫等各种动物和植物都是花鸟画的素材。因为花和鸟是最经常被画的，所以人们就把这种画叫成了“花鸟画”。

书画名家齐白石

清代赵之谦的花鸟画《花卉四条屏》

花鸟画

国画技法

国画的绘画技法分为工笔和写意两类。画画的时候注重线条美，一丝不苟，这是工笔。和工笔相对称的是写意，它不注重线条，而是画家心里怎么想就怎么画。

元代黄公望的山水画《秋山图》在绘画技法上达到了炉火纯青的地步。

jīng jù
京剧

jīng jù shì zài běi jīng xíng chéng de dì fāng xì qǔ yǐ jīng
京剧是在北京形成的地方戏曲，已经
yǒu yuē nián de lì shǐ shì zhōng guó yǐng xiǎng zuì dà zuì
有约200年的历史，是中国影响最大、最
jù yǒu dài biǎo xìng de xì qǔ jù zhǒng tā de biǎo yǎn jīng zhì xì
具有代表性的戏曲剧种。它的表演精致细
nì chàng qiāng yōu yáng wǎn zhuǎn shēng qíng bìng mào yǒu hěn gāo
腻，唱腔悠扬婉转，声情并茂，有很高
de yì shù shuǐ zhǔn
的艺术水准。

官生头戴乌纱帽，身穿蟒袍，腰系玉带，是扮演官员的。

武旦是京剧中和武生相似的中青年妇女的角色。

武净是京剧中精通武术的人物。

丑角。从他官帽上有铜钱圆翅可以看出这个丑角是个贪官。

·奥秘大公开·

京剧的“四大名旦”

在京剧艺术表演中，梅兰芳、程砚秋、尚小云、荀慧生四位旦角演员被誉为“四大名旦”。他们有各自风格独特的演技，为京剧的发展和繁荣做出了很大的贡献。

生、旦、净、丑

京剧中的演员以行当来安排角色，而不能互相代替演出。京剧中共有生、旦、净、丑四大行当。生分为老生、武生和小生；旦分为老旦、花旦和青衣；净就是花脸，或叫大花脸；丑又分为文丑和武丑。其中，生、净、丑为男性角色，旦为女性角色。

“唱”是京剧表演的基本功之一，在京剧中占有很重要的地位。

唱、念、做、打

唱、念、做、打是京剧表演的基本功。“唱”是歌唱，“念”是像音乐一样地朗诵，“做”是像舞蹈一样美妙地做动作，“打”是经过舞蹈处理的武术。这四种表演手段完美地结合在一起，增强了京剧的艺术性。

锣是京剧中常用的重要打击乐器。

京剧乐器

京剧乐器是由管、弦乐器和打击乐器组成的。一般注重唱工的戏叫文场，以管弦乐器伴奏为主，主要包括京胡、京二胡、月琴、弦子、笛、笙、唢呐和云锣等；一般注重武打的戏叫武场，以打击乐器伴奏为主，主要有鼓板、大锣、铙钹、小锣四件乐器。

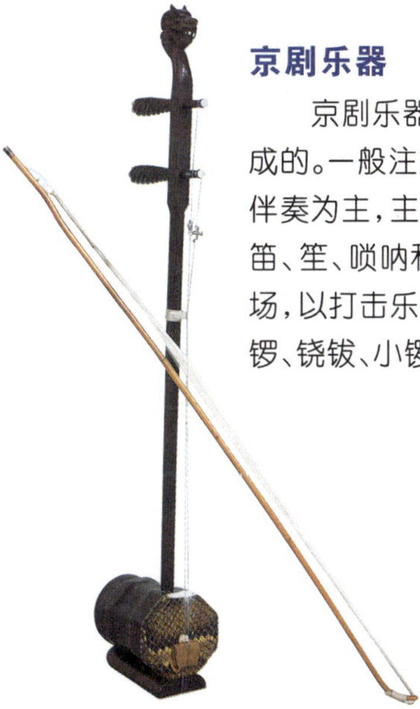

二胡是京剧不可缺少的重要伴奏乐器。

京剧脸谱

“脸谱”指的是中国传统戏剧里男演员脸部的彩色化妆，主要用于净角和丑角，是京剧里最有特色的艺术形象。在脸上涂出夸张的花纹，内行的观众就可以分辨出这个角色是英雄还是坏人，是聪明还是愚蠢。

白脸代表奸。

红脸代表忠。

红黑花脸代表憨直鲁莽。

京剧表演

zhōng huá yī xué
中华医学

gǔ rén zài kàn bìng chī yào fāng miàn zǒng jié chū le xǔ duō zhì liáo jí bìng de fāng fǎ
古人在看病吃药方面，总结出了许多治疗疾病的方法
hé xué wèn wǒ men bǎ tā men jiào zuò zhōng yī zhōng yào zhōng yī de zhì liáo fāng fǎ
和学问，我们把它们叫做“中医”“中药”。中医的治疗方法
fēng fù duō yàng chú yòng zhōng yào zhì liáo wài hái yǒu zhēn jiǔ tuī ná děng bìng qiě chū xiàn
丰富多样，除用中药治疗外，还有针灸、推拿等，并且出现
le xǔ duō míng yī
了许多名医。

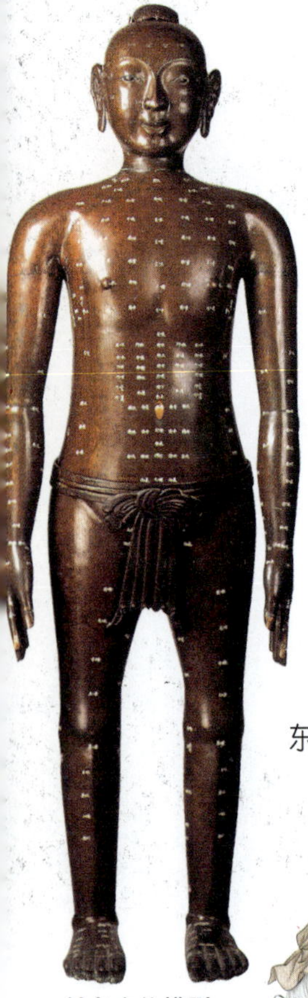

针灸穴位模型

针灸

针灸被誉为“神针”，是中医特有的一种治病方法，也是一门古老而神奇的科学。它是用一种专用的银针扎进人体穴位里，或用点着的艾绒或其他可以燃烧的东西，温烤穴位或者患病部位，达到防治疾病的目的。

孙思邈写的《千金要方》和《千金翼方》中记载了许多治疗疾病的方法。

望、闻、问、切

望、闻、问、切是中医里诊断疾病的四种方法，合称四诊。望，指仔细观察病人的气色；闻，指倾听病人的声音；问，指询问病人的感受；切，指摸病人脉搏跳动的情况。这四种方法直到现在还被中医们使用。

古代医生行医图

李时珍进入深山采集草药。

妙手回春的“神医”——华佗

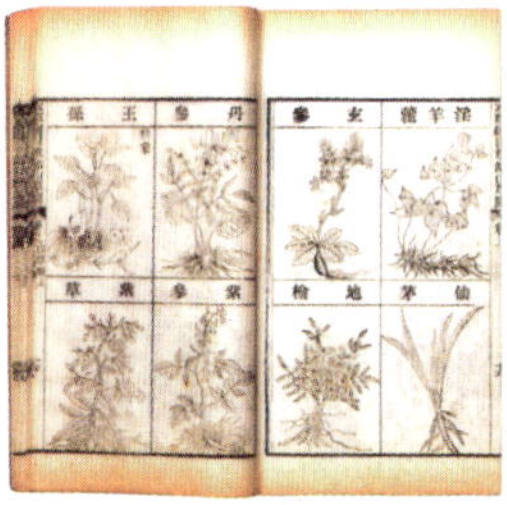

李时珍的《本草纲目》，对各种药物的名称、产地、气味、形态等作了详细的介绍，并且纠正了前人的一些错误。

中药

中药是中医治疗疾病使用的药物，包括植物药、动物药、矿物药等，其中植物药用得最多。中医根据病人的情况，把多种药物配合在一起，煎熬后给病人服用，有很好的疗效。

造福万代的“医圣”——张仲景

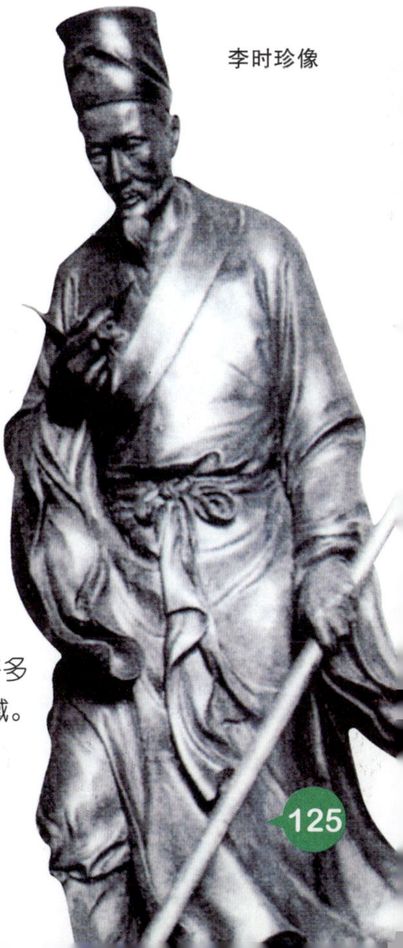

李时珍像

·奥秘大公开·

张仲景未卜先知

有一次，名医张仲景见到刚20多岁的诗人王粲，对他说：“你有病，不吃药的话只能活到40多岁。”王粲不信，就没有服药。过了20年，王粲果然死了。

中华名医

中国古代出现了许多著名的医生，比如战国时的扁鹊、汉朝的张仲景、唐朝的孙思邈、宋朝的宋慈、明朝的李时珍等。他们运用自己高超的医术，为许多人解除了病痛，受到了人们的尊敬和爱戴。

mín jiān yì shù

民间艺术

龙形风筝

zhōng guó mín jiān yì shù bāo kuò zā fēng zheng jiǎn zhǐ ní sù shǒu biān nián huà
中国民间艺术包括扎风筝、剪纸、泥塑、手编、年画
děng shì zhōng huá mín zú qiān bǎi nián lái lǎo bǎi xìng chuàng zào de dú tè wén huà wǒ guó
等，是中华民族千百年来老百姓创造的独特文化。我国
mín jiān zhòng duō de néng gōng qiǎo jiàng yòng tā men de zhì huì hé shuāng shǒu chuàng zào chū le
民间众多的能工巧匠，用他们的智慧和双手，创造出了
xǔ duō fù yǒu nóng yù shēng huó qì xī de shǒu gōng yì pǐn
许多富有浓郁生活气息的手工艺品。

风筝

风筝起源于春秋时期，到现在已经有2000多年的历史了。它的种类多种多样，有动物的，如巨龙、燕子等；有人物的，如孙悟空等。我国生产风筝的历史非常悠久，北京、天津、潍坊、开封、南通、阳江被称为中国六大传统风筝产地。

潍坊姑娘在制作风筝。

剪纸在色彩运用上十分讲究，显得绚丽多姿。

剪纸

剪纸是我国最为流行的民间艺术之一。它是用小刀或剪刀把折叠好的纸按一定的图案挖空，纸展开后就会形成各种各样的图案，如动物、人物、花等。剪纸可以装饰墙壁、门窗、镜子、灯等，也可以当做礼品送给亲友。

年画是中国民间艺术的瑰宝。

动物剪纸

面塑俗称“捏面人”，与泥塑在中国都有着悠久的历史。

泥塑

泥塑俗称“彩塑”，是我国保留最古老的、最具民族特色的手工制品。它用泥土作原料，用手捏制成，然后再染上色彩，造型大多数是人物和动物。泥塑造型优美，生动逼真，深受人们的喜爱。

泥人塑像

这是手编贺岁结，寄托着人们祝福、吉祥的愿望。

·奥秘大公开·

“泥人张”的绝活

天津人张明山，从小家境贫寒，跟着父亲以捏泥人为生。他心灵手巧，捏出来的泥人个个形象逼真，老百姓亲切地送给他一个昵称——“泥人张”。

手编

手编是指靠手的技能编织出各种手工艺品。它所用的材料不管是南方的竹，还是北方的藤草、麦秸、玉米皮，在民间艺人的巧手下，都能变成造型优美的工艺品。

手编乌龟

精美的手编工艺品

创世卓越 荣誉策划
Trust Joy Trust Quality

图书在版编目(CIP)数据

畅游全球看天下／赵兰辉，孙世伟编撰.—昆明：云南教育出版社，2008.12
（21世纪入学儿童百科全书／龚勋主编）
ISBN 978-7-5415-3605-2

Ⅰ.畅… Ⅱ.①赵…②孙… Ⅲ.科学知识—儿童读物
Ⅳ.Z228.1

中国版本图书馆CIP数据核字(2008)第194975号

21世纪 入学儿童百科全书

……畅游全球看天下……

总策划 邢 涛
主 编 龚 勋
项目策划 李 萍
文字统筹 贾宝花
审 订 陈 博
编 撰 赵兰辉 孙世伟
出版人 李安泰
责任编辑 李 旭

设计总监 韩欣宇
装帧设计 赵天飞
版式设计 孟 娜
美术编辑 周辉忠
插图绘制 一龙漫画工作室
图片提供 纪江红 龚 勋
IC传媒
印 制 鲍大军

出 版 云南出版集团公司
云南教育出版社
地 址 昆明市环城西路609号
经 销 全国新华书店
印 刷 三河市华新科达彩色印刷有限公司
开 本 1/16
印 张 9
字 数 130千字
版 次 2009年1月第1版
印 次 2009年1月第1次印刷
书 号 ISBN 978-7-5415-3605-2
定 价 19.80元